Hartmut & Tobias Laufer

Wege zum „richtigen“ Schulabschluss und Berufseinstieg

Hartmut Laufer
Tobias Laufer

Wege zum „richtigen“ Schulabschluss und Berufseinstieg

- Entscheidungsmethoden
- Techniken und Hilfsmittel
- Verhaltensregeln

MENSOR Institut

ISBN: 978-9-403-60711-5

Verlag: Boookmundo

Auflage: 1 (2020)

Inhalt

Lebensqualität durch sorgfältige Zukunftsentscheidungen 7

1. Eigenverantwortliche Zukunftsgestaltung 10

Die unterschiedlichen Lebensphilosophien **10**

Vereinbarkeit von Beruf und Lebensqualität **17**

Einkommensmehrung oder/und soziales Engagement? **21**

2. Bedingungen und Zukunftschancen der Schulabschlüsse 25

Allgemeine Schulformen und Schulabschlüsse **25**

Besondere Schulformen und Bildungswege **31**

Spezielle berufsbezogene Schulformen **33**

3. Probleme der Übergangsphase ins Berufsleben 35

Herrschende oder drohende Jugendarbeitslosigkeit **36**

Problematisches persönliches Umfeld **37**

Unentschlossenheit oder unzureichende Eignung **40**

4. Bedürfnis- und Eignungsgerechte Berufswahl 45

Berufstätigkeit in Zeiten des permanenten Wandels **45**

Zielbewusste und gut überlegte Auswahlentscheidung **47**

Entscheidung zwischen Berufsausbildung und Studium **57**

5. Voraussetzungen und Wege der Berufsausbildungen 62

Berufsausbildung im dualen System **62**

Rein schulische Ausbildungen **64**

Arten und Merkmale der Ausbildungsberufe **67**

6. Wahl eines geeigneten Hochschulstudiums 71

Wahl des Hochschulorts **71**

Wertmaßstäbe für Hochschulen und Studiengänge **72**

Studienfinanzierung und Zulassungsvoraussetzungen **73**

7. Unterschiedliche Wege in die Berufspraxis 79

Freiwilligendienste oder Praktikum als Vorstufe **79**

Aktueller Trend bei der Arbeitsplatzwahl **81**

Unternehmensmerkmale als Entscheidungskriterien **82**

8. Möglichkeiten und Methoden der Stellenbewerbung 87

Arten der schriftlichen Bewerbung **87**

Bewerbungsschreiben und Bewerbungsunterlagen **89**

Das Vorstellungsgespräch als letzte Hürde **96**

9. Zukunftsorientierter Start in die Berufspraxis 103

Persönliche Berufsperspektiven **103**

Probezeit als Einstieg in ein Arbeitsverhältnis **105**

Verhalten als Neuling im Betrieb **106**

10. Berufliche Weiterentwicklung 109

Zielbewusste Karrierestrategie **109**

Notwendigkeit und Möglichkeiten der Weiterbildung **113**

Übernahme von Führungsaufgaben **117**

11. Angebote berufsorientierter Beratung 124

Staatliche und kommerzielle Berufsberatungen **124**

Beratung durch Verwandte, Lehrer und Bekannte **126**

Internet-Ratgeber zu den einzelnen Problemfeldern **127**

12. Tendenzen des Arbeitsmarkts und der Berufsbildung 130

Allgemeine Entwicklungen **130**

Unsicherheiten durch die Corona-Pandemie **131**

Arbeiten im Homeoffice **133**

13. Schlussbetrachtung 135

Persönliche Lebensqualität als Kompass **135**

Die erste Berufswahl **137**

Literaturhinweise 140

Stichwörter 144

Lebensqualität durch sorgfältige Zukunftsentscheidungen

Es gibt nicht wenige Menschen, die ihr ganzes Leben lang unzufrieden oder sogar unglücklich sind, nur weil sie einmal in jungen Jahren einen falschen Berufsweg eingeschlagen hatten. Sie aufgrund unrealistischer Klischeevorstellungen, Unbedachtsamkeit oder wegen eingeschränkter Möglichkeiten nicht den Beruf wählten, der ihren tatsächlichen Neigungen und Anlagen gerecht wird. Und sie seither Tag für Tag ungeliebte oder überfordernde Arbeiten auszuführen haben, aber nicht die Kraft aufbringen, eine Kehrtwende zu machen.

Als ein typisches Beispiel hierfür sei der Lehrerberuf angemerkt. Für so manche junge Menschen war es einst ihr Traumberuf. Doch ist der Weg dorthin ein ziemlich langer: Studium und Referendariat dauern insgesamt sieben Jahre und mehr! Doch mancher Nachwuchslehrer mit anfänglich hohen Idealvorstellungen muss dann in einer Stunde der Wahrheit feststellen, dass es die falsche Berufs-wahl war. Er nämlich während seiner ersten Praxisjahre erkennen musste, dass Lehrersein nicht sein Ding ist – er sich seinen Berufsalltag ganz anders vorgestellt hatte. Dass er vielleicht aufgrund seiner Persönlichkeitsmerkmale von den Schülern nicht als Autorität anerkannt und von ihnen mitunter sogar gemobbt wird.

Als Lehrer aber nach vielen erfolglos investierten Ausbildungsjahren noch einmal einen neuen Beruf zu ergreifen, erfordert viel Mut und Energie. Diejenigen, die diesen Umstieg nicht schaffen, werden dann später oft die verbitterten, ausgesprochen autoritären Lehrer, für die jeder Schultag eine Qual ist. Und eine falsche Berufswahl wirkt sich sogar im Alter auf die seelische und letztlich mitunter auch körperliche Gesundheit aus: Wer auf ein unbefriedigendes Berufsleben zurückblickt, wird auch im Ruhestand nicht vollends glücklich sein können.

Nie jedoch waren in Deutschland die Ausbildungsangebote für den Start in einen befriedigenden, eignungsgerechten Beruf so vielfältig und chancenreich, wie heutzutage. Doch fällt es dadurch jungen Menschen entsprechend schwer, sich aus der reichhaltigen Angebotspalette den für die eigene Lebensqualität günstigsten Berufsweg auszuwählen. Daher soll dieses Buch helfen, sich vor einer falschen Berufswahl und einem unbefriedigenden Start in die Berufstätigkeit so weit erdenklich zu schützen. Es bietet hierfür manche Anregungen, nützliche Informationen und Entscheidungstechniken sowie einige hilfreiche Verhaltensempfehlungen.

Die unterschiedlichen Wege ins Berufsleben werden beschrieben und die jeweiligen Startbedingungen sowie Erfolgschancen aufgezeigt. Aber auch für die vielgestaltigen Probleme, die in der lebensbestimmenden Übergangsphase zwischen Schule und Beruf sowie beim Beginn der beruflichen Laufbahn mitunter auftreten, werden Lösungs- und Handlungshinweise gegeben.

Durch mein vielfältiges Berufsleben konnte ich als Erstautor dieses Buchs auf so manches Selbsterlebte zurückgreifen. Meinen Berufsweg begann ich bei der Firma Daimler Benz als Werkzeugmacherlehrling und wurde dort anschließend als Konstrukteur beschäftigt. Später studierte ich Maschinenbau und arbeitete als Ingenieur sowie Bauleiter bei unterschiedlichen Arbeitgebern. Daneben war ich als nebenberuflicher Führungskräftetrainer und Hochschuldozent tätig, was ich schließlich ich zu meinem Hauptberuf machte. Ich gründete ein Managementinstitut und bin Autor zahlreicher Fachbücher zu Führungsthemen.

Auch hatte ich von den Praxiserfahrungen meiner beiden Enkelsöhne Tobias und Timo profitiert, die sich gerade selbst in der Umbruchphase zwischen Schule und Studium bzw. Berufsausbildung befanden und mich manchmal um Rat fragten. Sie hatten demzufolge eine besonders lebensnahe Sicht auf die Problematik und gaben mir dadurch manche wertvollen Anregungen. Den älteren von beiden konnte ich sogar als Coautor gewinnen.

Als dieses Autorenteam möchten wir Ihnen die existenziellen Entscheidungen im Hinblick auf Ihre berufliche Zukunft erleichtern. Wir wünschen Ihnen eine glückliche Hand bei der Wahl eines zweckdienlichen Bildungswegs sowie einen erfolgreichen Start in Ihre Berufskarriere.
Zuvor aber noch zwei formale Anmerkungen zu den Texten:

a) Des Leseflusses wegen haben wir darauf verzichtet, bei als genderneutrale Kollektivbegriffe gemeinten Personenbezeichnungen stets beide sprachliche Geschlechter zu nennen. Mit „der Schulabgänger“ meinen wir auch weibliche Personen und „die Führungskraft“ kann biologisch gesehen natürlich auch männlichen Geschlechts sein.
b) Sofern Sie an den Word-Dateien der abgebildeten Tabellen oder Grafiken interessiert sind, können Sie diese gerne kostenlos anfordern – es genügt eine E-Mail mit den gewünschten Seitennummern an die Adresse HartmutLaufer@t-online.de.

Hartmut und Tobias Laufer

Kontaktdaten:
MENSOR Institut für Managemententwicklung
Postfach 30 36 30, 10727 Berlin
Tel.: (0 30) 2 62 96 40, Fax: (0 30) 2 62 59 77
E-Mail: institut@mensor.de, Website: www.mensor.de

1. Eigenverantwortliche Zukunftsgestaltung

Die unterschiedlichen Lebensphilosophien

Von je her bewegt Menschen die Frage, wer oder was ihren Lebensweg bestimmt. Religiöse Menschen glauben, der oder die Götter bestimmen wie unser Leben verläuft. Andere meinen, es gebe für jeden von uns ein großes Buch, in dem im Voraus unser Schicksal aufgeschrieben ist. Übersinnliches ablehnende, eher materiell und wirklichkeitsgeprägte Menschen sind der Überzeugung, ausschließlich die naturgegebenen Umweltbedingungen und die Einflüsse der Mitmenschen sind dafür entscheidend, wie sich unser Leben gestaltet beziehungsweise welche Gestaltungsmöglichkeiten wir haben.

Demzufolge tendieren manche Menschen dazu, sich fatalistisch in ihr Schicksal zu ergeben oder finden sich einfach damit ab, weitgehend fremdbestimmt leben zu müssen. Während hingegen ausgesprochene Tatmenschen größten Wert auf Selbstverwirklichung und ein selbstbestimmtes Leben legen.

Philosophische und religiöse Lebenskonzepte

Schon die Philosophen der griechischen Antike predigten unterschiedliche Lebensprinzipien. Einige wie Thales, Pythagoras oder Aristoteles suchten die Welt durch naturwissenschaftliche Erkenntnisse zu erklären und stützten sich dabei auf strikt rational erklär-bare logische Zusammenhänge. Andere große Denker wie Sokrates oder Platon waren auf der Suche nach dem sittlich wahrhaft Guten in der Lebensführung und den Maßstäben für ein gerechtes und glückliches Zusammenleben der Menschen. Epikur wiederum hielt die sinnliche Lust und die Abwesenheit von Leid und Schmerz für die Voraussetzungen von Lebensglück und Zufriedenheit.

Im Gegensatz dazu stehen die vielen religiösen Lehren, die im Allgemeinen von einer göttlichen Vorsehung sowie einem gottbestimmten irdischen Dasein ausgehen und zu einem paradiesischen Jenseits hinführen wollen. Manche Religionsgemeinschaften glauben an einen einzigen Schöpfer, andere verehren mehrere Götter. Wieder andere

Religionen erklären sich die Entstehung der Welt, das Leben und den Tod auch auf ganz andere Weise.

Die persönliche Lebenskonzeption

> **Im Interesse der persönlichen Zufriedenheit und psychischen Gesundheit ist es wichtig, sich beizeiten darüber klarzuwerden, wonach man streben will, um eine höchstmögliche Lebensqualität zu erzielen.**

Dazu sollte man sich folgende Fragen vorlegen:

- „Worin sehe ich in erster Linie den Sinn meines Lebens – wozu fühle ich mich berufen?“
- „Wie will ich leben – mein Leben gestalten?“
- „Was sind meine vorrangigen Neigungen – was macht mir am meisten Spaß und schafft mir die höchste Genugtuung?“
- „Was sind meine persönlichen Stärken – über welche naturgegebenen Anlagen verfüge ich und welche Fähigkeiten habe ich bisher erworben?“
- „Wo sehe ich mein hauptsächliches Steigerungspotenzial – worin meine ich mich mit vertretbarem Aufwand am meisten weiterentwickeln zu können?“

Bei den Überlegungen zu diesen Fragen sollte man sich nicht vom herrschenden Zeitgeist (oder wie man heute gerne sagt dem „Mainstream“) leiten lassen. Man sich also nicht von den aktuellen Meinungen, Ansichten und Strömungen der Gesellschaft beeinflussen lassen und sich an keinen Modetrends ausrichten sollte, die ohnehin meist nur von geringer Dauer sind.

Viel wichtiger ist, sich seiner ganz individuellen Bedürfnisse bewusst zu sein, wenn man ein selbstbestimmtes und erfüllendes Leben anstrebt. Unbeeinflusst von irgendwelchen politischen oder weltanschaulichen Ideologien. Dennoch soll das nicht generell ausschließen, sich bei der persönlichen Lebens- und Berufsplanung angemessen kritisch auch an geeigneten Vorbildern zu orientieren. Das können natürlich vor allem die eigenen Eltern oder nahe Verwandte sein, aber auch berühmte Persönlichkeiten.

Selbstverantwortung und Zielorientierung

Viele Menschen in unserer heutigen Gesellschaft haben es jedoch verlernt, das eigene Leben als aktive Aufgabe anzunehmen. Sie verzichten auf ihre Selbstverantwortung und flüchten sich lieber in die bequemere Opferrolle. Kommt es dann zu latenter Unzufriedenheit oder sogar depressiven Gemütszuständen, machen sie vor allem ihren Arbeitgeber, die Technik, die Politik oder das persönliche Umfeld dafür verantwortlich.

> **Man sollte sich dessen stets bewusst sein, dass man für die eigene Lebensführung in erster Linie selbst verantwortlich ist.**

Dazu gehört unter anderem, dass man sich klare Lebens- und Berufsziele setzt. Nur mit klaren Zielvorstellungen ist man in der Lage, in wichtigen Lebens- sowie Berufssituationen fundierte Entscheidungen zu treffen und zielgerichtet zu handeln. Andernfalls kommt es zu mehr oder weniger planlosen Aktivitäten, bei denen es reine Glückssache ist, ob man etwas Wünschenswertes erreicht.

Der Lebensweg eines jeden Einzelnen ist letztendlich das Ergebnis der Summe seiner vielen im Laufe der Zeit getroffenen Entscheidungen. Zwar werden naturgemäß manche der Entscheidungen nicht hundertprozentig zielführend sein, jedoch müssen die Schritte in die richtige Richtung überwiegen und nicht solche, die von den übergeordneten Lebenszielen abbringen. Andernfalls wird man sich manche erzielte Erfolge durch unbedachte Entscheidungen selber wieder zunichte machen und der angestrebte Lebenserfolg bleibt zwangsläufig aus.

> **Lebensglück ist die Summe persönlicher Erfolge – und Erfolge sind letztlich erreichte Ziele.**

Motivierende Zielsetzungen

Art der persönlichen Zielsetzungen ist von nicht zu unterschätzender Bedeutung. Setzt man sich beispielsweise unrealistisch hohe Lebens- oder Berufsziele, sind demotivierende Misserfolge bereits vorprogrammiert.

Auch sollte man sich nur „echte“ Ziele setzen. Als ein echtes Ziel bezeichnet man die Beschreibung eines geplanten Endzustands. Sagt man: *„Ich möchte am liebsten Tischlermeister werden“,* ist das nur ein diffuser Wunsch. Die Formulierung: *„Ich werde eine Tischlerlehre beginnen“,* ist dagegen ein echtes Ziel und löst einen stärkeren inneren Erfolgswillen aus. Ausgesprochene oder auch nur gedanklich formulierte Worte wirken sich auf das Unterbewusstsein oft stärker aus als man glaubt!

Außerdem lassen sich große Ziele meist in mehrere kleine „Etappen“ zerlegen. Dadurch verlieren zunächst konturlose Endlosaufgaben ihre abschreckende Wirkung und lassen sich einfacher angehen.

Wünschen kann man sich alles Mögliche – und auch Unmögliche! Echte Ziele hingegen müssen unter den zu erwartenden Bedingungen realisierbar sein.

Andererseits sollte man aber auch nicht ängstlich jeden Misserfolg zu meiden suchen und sich dagegen absichern. Ebenso sollte man sich nicht in traditionell deutscher Bescheidenheit seine eigenen Fähigkeiten selber geringreden. Vielmehr ist es lohnenswert, sich ab und an seine bisherigen Lebenserfolge – und irgendwelche hat jeder aufzuweisen – bewusst zu machen und stolz auf sie zu sein. Darüber hinaus sollte man sich gelegentlich auch besonders hohen Herausforderungen stellen, um daran wachsen zu können.

Bei alledem sollte man die Kraft des positiven Denkens in Rechnung stellen. Wissenschaftliche Untersuchungen haben erwiesen, dass durch ein positives, erfolgsorientiertes Denken und Fühlen opiumähnliche Botenstoffe (sogenannte „Glückshormone“) im Körper freigesetzt werden. Sie lösen Glücksgefühle aus, senken den Stresspegel und steigern das allgemeine Wohlbefinden. Außerdem bewirken sie das Verlangen nach erneutem positivem Erleben und setzen dadurch zusätzliche mentale Energien frei. Also sollte man – positiv denkend – vor allem darauf ausgerichtet sein, was man erreichen will und tun möchte, statt daran zu denken, was man vermeiden will.

Positives Denken stimmt zuversichtlich und setzt nachweislich stärkere innere Kräfte frei als eine pessimistische Gefühlslage.

Ebenso sollte man sich selber keine unnötigen Befehle erteilen, indem man sich beispielweise sagt: „Heute *muss ich* unbedingt mal wieder zum Friseur gehen!“ Oder anders formuliert: „Heute *darf ich nicht* vergessen zum Friseur zu geben!“ Formuliert man gewohnheitsmäßig in befehlender oder verbietender Weise, fühlt man sich im Unterbewusstsein fremdbestimmt, was zu einer angespannten, passiven Grundhaltung führt.

Sagt die innere Stimme dagegen: „Heute Abend *will ich* mal wieder zum Friseur gehen“, stimmt das entspannter und aktivierender – und ist auch zutreffender: Denn vermutlich wird die Welt nicht untergehen, wenn man erst morgen oder nächste Woche den Friseur aufsucht!

Durch Selbstfindung zur Entscheidungssicherheit

Wohin jemand auf der Suche nach dem richtigen Berufsweg tendieren will, kann er letztlich nur für sich selbst entscheiden. Möglicherweise muss man sich zunächst einmal seiner eigenen Persönlichkeit bewusst werden oder, wie man auch sagt: „sich selbst finden.“

Selbstfindung ist jedoch ein Balancieren auf dem schmalen Grat zwischen Individualität und Konformität.

Wer weitestgehend autonom, also unabhängig und unangepasst sein will, wird anders sein als viele andere und wird häufig Kritik und Widerständen ausgesetzt sein. Dennoch sollte man sich auf der Suche nach der eigenen Identität nicht unkritisch an den Erwartungen und Einflüssen anderer orientieren, sondern vorrangig an den eigenen Überzeugungen und Bedürfnissen. Nur dann kann man zu einer glaubwürdigen Persönlichkeit heranreifen und mit sich selbst im Reinen sein.

Was nicht ausschließen soll, sich als junger Mensch mit wohlmeinenden Ratschlägen lebenserfahrener Personen aufgeschlossen auseinanderzusetzen. Man sollte sich dabei aber fragen:

- „Wie stehe ich zu der beratenden Person, was bedeutet sie mir?“
- „Decken sich ihre Ratschläge mit meinen fundamentalen Werten?“
- „Habe ich ein gutes Gefühl, könnten mich die Empfehlungen glücklich machen?“

Der Prozess der Selbstfindung ist ein Akt der Selbstreflexion, die im Wesentlichen auf den folgenden drei Fragestellungen beruht:

- „Wer bin ich?“
- „Wer möchte ich sein?“
- „Wie sehe ich mich selbst und wie sehen mich andere?“

Naturgemäß wissen jedoch junge Menschen oftmals noch nicht so recht, „wer“ sie eigentlich sind und wohin sie in ihrem Leben wollen. Sie haben noch nicht genügend Erfahrungen mit sich selbst und verschiedenartigen Lebensbedingungen sammeln können, um über verlässliche Orientierungsmöglichkeiten zu verfügen.

Zur Beantwortung der Frage *„Wer bin ich“,* ist es erforderlich, sich selbstkritisch bewusst zu machen, welche typischen Persönlichkeitseigenschaften man besitzt. Dazu gehören insbesondere

- hervorstechende charakterliche Wesensmerkmale,
- angeborene Talente und bereits erworbene Fähigkeiten,
- Verhaltensgewohnheiten im Umgang mit anderen Menschen,
- vorrangige materielle und emotionale Bedürfnisse,
- weltanschauliche oder religiöse Überzeugungen.

Bei der Frage *„Wer möchte ich sein“,* geht es darum, welches Selbstbild man anstrebt. Es hängt maßgeblich ab von den eigenen

- Bedürfnissen und Neigungen,

- hauptsächlichen Interessengebieten,
- grundsätzlichen Wertvorstellungen sowie
- allgemeinen Erwartungen an das Leben.

Dagegen geht es bei der Frage „*Wie sehen mich andere*?“ darum, wie man von seinen Mitmenschen wahrgenommen und bewertet wird, welches Fremdbild sie von einem haben. Dieses Fremdbild wird einem umso bewusster, je konstanter und häufiger man Feedback aus verschiedenen sozialen Beziehungen erhält und dadurch Chancen gewinnt, es gegebenenfalls zu optimieren. Legitime Beweggründe zu dieser Fragestellung sind unter anderem

- persönliche Eitelkeit,
- Bedürfnis nach Harmonie und Zuneigung,
- Streben nach Wertschätzung sowie
- nach Anerkennung des Persönlichkeitswertes.

Ist der Schritt ins Berufsleben gemacht, hört die Notwendigkeit der Selbsterkenntnis und Persönlichkeitsentwicklung aber nicht auf, sondern ist es ein lebenslanger Prozess. Da sich in aller Regel das engere und weitere Umfeld ständig verändert und auch man selbst andersartige Gefühle, Bedürfnisse und Erkenntnisse entwickelt, sind unter Umständen neue Lebenswege ratsam.

Vereinbarkeit von Beruf und Lebensqualität

Die vier wichtigsten Lebensfelder

Ein ausgewogenes Lebenskonzept zeichnet sich dadurch aus, dass man seine wesentlichen Lebensfelder in eine gesunde Balance bringt. Man spricht heutzutage häufig auch von einer ausgewogenen „Work-Life-Balance". Das bedeutet, dass man jedem dieser Bereiche einen angemessenen Anteil der eigenen Aufmerksamkeit, Zeit und Energie widmen sollte, um ein Höchstmaß an Lebens-qualität und Zufriedenheit zu erzielen.

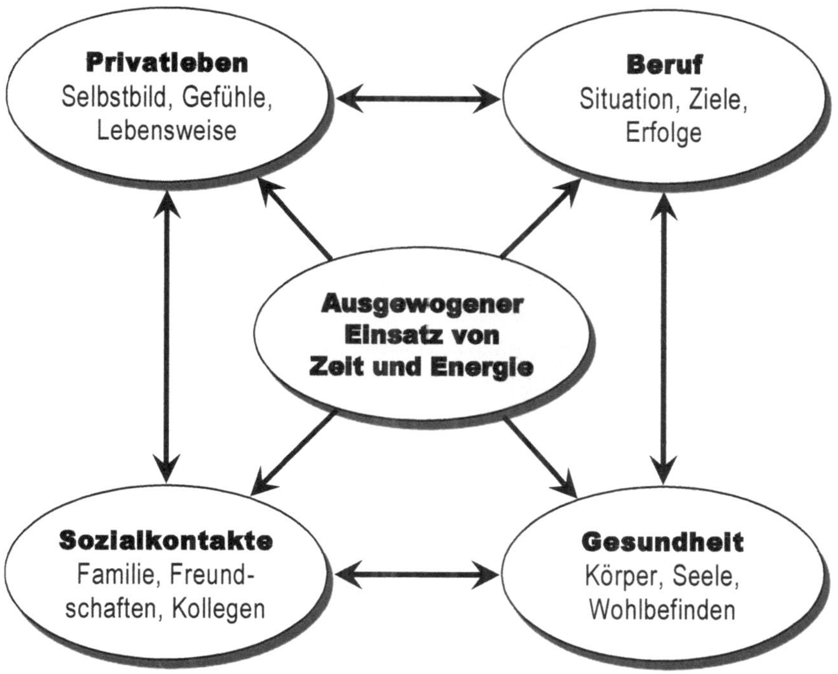

- Das Privatleben

  Es sollte der ruhende, kraftspendende Gegenpol zu den Anforderungen des Berufslebens sein. Nur wer ein intaktes Privatleben hat, wird auch im Beruf die Gelassenheit und Ausgeglichenheit eines zufriedenen, in sich ruhenden Menschen ausstrahlen. In unserer

Leistungsgesellschaft besteht allerdings vielfach die Gefahr, dass die privaten Vorlieben wie Lesen, Reisen, Garten-arbeit oder sonstige Hobbys berufsbedingt zu kurz kommen. Das Ergebnis dieser Unausgewogenheit können Überforderungen, andauernde mentale Erschöpfung, Unzufriedenheit und in der Folge gesundheitliche Beschwerden sein.

- Die Sozialkontakte

  Sowohl für das Privat- als auch das Berufsleben spielen die zwischenmenschlichen Beziehungen eine maßgebliche Rolle für die Zufriedenheit und das Glücksgefühl. Erst die Reflexion durch andere Menschen lässt uns Anerkennung und Wertschätzung erleben. Was das Berufsleben anbelangt, führen die häufigen Personaleinsparungen verbunden mit zunehmenden Leistungsanforderungen leider dazu, dass die Zeit für zwischenmenschliche Kontakte am Arbeitsplatz immer geringer wird. Gespräche zwischen Kollegen, ob arbeitsbezogen oder im kollegialen Umgang, werden immer seltener. Hinzu kommen die vereinzelnden Kommunikationstechniken, die direkte Gespräche durch seelenlose E-Mails und SMS weitgehend überflüssig machen.

- Die Gesundheit

  Naturgemäß sind alle vier Lebensfelder, wie auch die Abbildung zeigt, miteinander verknüpft und beeinflussen sich gegenseitig. Somit ist die Gesundheit – körperliche sowie seelische – die fundamentale Voraussetzung für alle Lebensbereiche und können sich andererseits sämtliche Lebenseinflüsse auf die Gesundheit positiv wie negativ auswirken. Insbesondere bei den heutzutage vielerorts zunehmenden beruflichen Belastungen kommt daher der Gesundheitsvorsorge eine steigende Bedeutung zu.

- Der Beruf

  Wie die vorstehenden Schilderungen zeigen, hat die Berufstätigkeit wiederum Rückwirkungen auf die anderen Bereiche. Denn will man im Beruf erfolgreich sein, ist man zwangsläufig bestimmten Belastungen ausgesetzt, durch die es zu Überforderungen, Erschöpfungszuständen oder Ärger mit Kollegen bzw. Vorgesetzten kommen kann. Letzteres beschädigt dann eventuell dauerhaft die Sozialkontakte am Arbeitsplatz.

Berufsbedingte Gesundheitsrisiken

Hat man am Arbeitsplatz häufiger Ärger oder als selbstständig Tätiger gravierende existenzielle Sorgen, ist es kaum vermeidbar, dass sich das auch auf die Stimmung und Belastungsfähigkeit im Privatleben auswirkt. Der Lebenspartner wird dann mitunter der „Blitzableiter“ für den beruflichen Kummer und die Feierabendstimmung leidet darunter. Werden beruflicher Ärger und Sorgen zum Dauerzustand, kann es auf diese Weise zu schwerwiegenden familiären Krisen kommen.

Selbstverständlich wirken sich berufsbedingte physische und psychische Überlastungen irgendwann auch auf den allgemeinen Gesundheitszustand der Betroffenen aus.

Trotz aller berufsbedingten Zwänge hat man es aber im Allgemeinen ein Stück weit selbst in der Hand, inwieweit es zu schädigenden beruflichen Überlastungen kommt oder sich die Anforderungen in einem erträglichen Rahmen halten. Gründe für selbstverschuldete extreme berufliche Belastungen können sein:

- Ehrgeiziges Streben nach Macht und Führungsbefugnis
- Ständiges Bemühen um Lob und Anerkennung
- Imagepflege (Drang nach Ansehen oder Beliebtheit)
- Hohe Leistungsbereitschaft zwecks Einkommenssteigerung
- Hinnehmen unzumutbarer Arbeitsmengen oder Überstunden aufgrund mangelnden Selbstbewusstseins
- Verschleiern persönlicher Überforderung wegen Peinlichkeit oder aus Angst um den Arbeitsplatz

Aber nicht alleine das messbare Leistungsvolumen ist dafür entscheidend, inwieweit man sich sehr belastet oder gar überlastet fühlt. Eine maßgebliche Rolle spielt auch die gefühlte Arbeitsqualität. Nämlich ob man seine Arbeitsaufgaben vorrangig als motivierende, bereichernde Bestandteile des Lebens empfindet oder als unerträgliche Bürde. Ob man sich ausgesprochen fremdbestimmt fühlt oder

- die Arbeitsinhalte den persönlichen Neigungen und Interessen entsprechen,
- man weitgehende Entscheidungsfreiheit hat,

- Einfluss nehmen kann auf die Gestaltung der eigenen Arbeit,
- seine Kreativität und Berufserfahrungen einbringen kann und diese anerkannt werden,
- man sich im positiven Sinn gefordert fühlt und an seinen Aufgaben wachsen kann.

> **Die individuelle Berufswahl ist eine der entscheidenden Weichenstellungen für ein erfolgsbewusstes und beglückendes Lebens-gefühl.**

Blickt man später auf ein unbefriedigendes Berufsleben zurück, kann sich eine falsche Berufswahl sogar noch auf die Lebensqualität im Ruhestand negativ auswirken! Gelingt es einem dann nach der Zurruhesetzung nicht, die negativen Erinnerungen durch neue erfüllende Aufgaben oder Hobbys zu kompensieren, mindern sie selbst noch im Alter das Lebensglück.

Wie wichtig eine wohlüberlegte Entscheidung für den eigenen beruflichen Lebensweg ist, offenbart auch eine Online-Erhebung von Professor Dr. Martin-Niels Däfler bei rund 1 500 Personen, nach der fast zwei Drittel der deutschen Beschäftigten mit ihrer Arbeit unzufrieden sind.
(Quelle: Däfler, M. N., Frankfurter Allgemeine Zeitung, Nummer 61/2017.)

Bei einer ähnlichen Umfrage des Karriereportals Monster mit 944 Personen antworteten auf die Frage „Würden Sie den gleichen Beruf noch einmal ergreifen?“

- 51 % mit „Ich würde etwas komplett anderes machen,“
- 28 % mit „Ich würde die gleiche Richtung einschlagen, aber bei meiner Ausbildung zielgerichteter sein.“
  (Quelle: http://info.monster.de)

Einkommensmehrung und/oder soziales Engagement?

Beruf und Berufung

Beide Begriffe haben dieselben sprachlichen Wurzeln. Dennoch benennen sie deutlich unterschiedliche Begriffsinhalte.

Spricht man vom „Beruf“, so sind damit im Allgemeinen Arbeitsleistungen mit dem Ziel des Erwerbs materieller Güter für den Lebensunterhalt gemeint. Unter „Berufung“ für einen Beruf wird hingegen Arbeit in einem höheren Sinn verstanden: Beispielsweise Berufstätigkeiten zum Wohl der Gemeinschaft, bei der der Arbeitende in irgendeiner Weise an das Wirken einer transzendenten Kraft (zum Beispiel Gott, aber auch das Schicksal) glaubt. Es vermittelt die nötige Sicherheit beim Verfolgen der persönlichen Tätigkeitsziele und verleiht die Gewissheit, das Richtige zu machen – im ethischen Sinn Gutes zu tun.

Will man als Arbeitnehmer seinen Beruf auch als Berufung empfinden können, muss eine möglichst große Übereinstimmung gegeben sein zwischen den eigenen Talenten, charakterlichen Eigenschaften sowie Grundeinstellungen einerseits und den Arbeitszielen sowie Arbeitsbedingungen des Arbeitgebers andererseits. Nur dann kann es sowohl zu einer hohen Arbeitszufriedenheit als auch Identifikation mit dem Unternehmen kommen.

Absicherung des materiellen Lebensstandards

Normalerweise wird man bemüht sein, eine Arbeitsstelle zu finden, die ein möglichst hohes Einkommen gewährleistet, um dadurch seine persönlichen Bedürfnisse bestmöglich befriedigen zu können – soll die Berufstätigkeit zumindest die existenzielle Grundsicherung gewährleisten. Darüber hinaus sollte man aber auch überlegen, inwieweit die Arbeitsstelle gute Aufstiegsmöglichkeiten im Unternehmen bietet und damit attraktive Einkommenssteigerungen erwarten lässt.
Doch sollte man bei diesen Überlegungen nicht ohne Not die Verdienstmöglichkeiten über die Qualität der Arbeit stellen.

Um auf Dauer zufrieden sein zu können, spielt es nicht nur eine Rolle wie viel man verdient, sondern kann es für die allgemeine Lebensqualität sogar wichtiger sein, auf welche Weise.

Das Einkommen wird sehr schnell zur selbstverständlichen Normalität. Ungeliebte Tätigkeiten oder ein konfliktreiches Arbeitsklima hingegen wirken sich im Arbeitsalltag immer wieder aufs Neue belastend aus.

Ebenso sollte man bei den finanziellen Überlegungen nicht alleine die momentanen Verdienstmöglichkeiten bedenken, sondern auch die Fragen der Arbeitsplatzsicherheit sowie Altersversorgung nicht außer Acht lassen. Es ist zwar verständlich, wenn man als junger Mensch entsprechende Bedenken von sich weist. Indem man meint, ja noch genügend Lebenszeit vor sich zu haben, um sich über diese Fragen ernsthafte Gedanken machen zu müssen – man sich zu gegebener Zeit immer noch einen zukunftssicheren Berufsweg überlegen könnte.

Die Zeit verrinnt aber schneller als man in jungen Jahren glaubt und es wird eine berufliche Neuorientierung schon ab Mitte Vier-zig zunehmend schwieriger.

In manchen beruflichen Positionen wird heutzutage ein beruflicher Wechsel bereits ab dem 50. Lebensjahr schwierig oder sogar nahezu aussichtslos! Das durch Erstausbildung und Berufserfahrung erworbene Fachwissen veraltet immer schneller und oft wird älteren Menschen fehlende Aktualisierung ihrer Kenntnisse oder sogar eingeschränkte geistige Flexibilität unterstellt – mitunter durchaus auch zu Recht.

Engagement für soziale Aufgaben

Zu den persönlichen Lebenszielen und ethischen Grundsätzen kann es auch gehören, sich freiwillig und ehrenamtlich für gute Zwecke einzusetzen. Das kann persönlicher Einsatz im engeren sozialen Umfeld sein, im großen Rahmen aber auch soziales Engagement für übergeordnete Belange des Gemeinwohls wie Klimawandel oder Tierschutz.

Darüber hinaus kann es eine wichtige Komponente der eigenen Zufriedenheit sein und gelegentliche Glücksgefühle auslösen. Ein wichtiger Aspekt dabei ist, dass soziales Engagement auch das eigene Wachstum fördert. Anderen Menschen zu helfen, etwas zu bewegen und zum Positiven zu verändern, kann den Charakter stärken und das Selbstbewusstsein fördern. Echtes soziales Engagement nötigt Respekt ab und verhilft dadurch zu einem positiven Ansehen.

Ideale Verknüpfung beider Lebensziele

Will man beiden Arten von Lebenszielen gerecht werden, wäre natürlich die ideale Lösung, sich eine angemessen bezahlte Berufstätigkeit zu wählen, mit der man gleichzeitig Leistungen für das Gemeinwohl erbringt.

> **Eigene finanzielle Absicherung und das Streben nach Gemeinnützigkeit müssen einander nicht ausschließen.**

Was das Gemeinwohl anbelangt, sind hier alle Berufstätigkeiten zu nennen, die beispielsweise folgenden Zwecken dienen:

- Wissenschaft und Forschung
- Medizin und Pflege
- Gesundheitsvorsorge und Sport
- Bildung und Erziehung
- Kinder-, Jugend- und Altenbetreuung
- Arbeitslosenunterstützung und Wohnungsfürsorge
- Kunst und Kultur
- Notfallhilfe und Katastrophenschutz

- Öffentliche Ordnung und Sicherheit
- Umweltschutz und Entwicklungshilfe
- Friedenssicherung und Gewaltprävention

Doch auch wenn man sich aufgrund der persönlichen Wertvorstellungen dem Gemeinwohl besonders verpflichtet fühlt, kommt man schnell in den Zwiespalt, sich dennoch seinen Lebensunterhalt durch eine Erwerbstätigkeit in einem allein gewinnorientierten Unternehmen verdienen zu müssen. Im Interesse der eigenen psychischen Gesundheit, sollte man dann immerhin einen Arbeitgeber wählen, der im Hinblick auf die Belange des Gemeinwohls die nachstehenden Mindestbedingungen erfüllt.

- Keine Produktion und kein Handel mit derartigen Produkten:
  - Waffen oder sonstige Kampfstoffe
  - Klima- oder landschaftsschädigende Chemikalien
  - Bedenkliche oder unwirksame Medikamente
  - Drogen oder sonstige abhängig machende Stoffe
  - Sittenwidrige Schriften bzw. digitale Medienangebote
  - Politisch fragwürdiges Propagandamaterial
  - Unter menschenunwürdigen Bedingungen hergestellte Waren
- Keine Dienstleistungen, die folgende Merkmale aufweisen:
  - Umweltschädliche, energie- oder materialverschwendende Arbeitsverfahren
  - Ausbeuterisch niedrige bzw. untertarifliche Entlohnungen
  - Extrem hohe Leistungsanforderungen
  - Unsoziale Arbeitszeiten oder unangemessene Überstunden
  - Gesundheitsschädigende Arbeitsbedingungen
  - Konfliktreiches, krankmachendes Zusammenarbeitsklima
  - Staats- bzw. gesellschaftsgefährdende Organisationsziele

2. Bedingungen und Zukunftschancen der Schulabschlüsse

Wegen der grundgesetzlich festgeschriebenen Bildungshoheit der Bundesländer ist die Schullandschaft in Deutschland äußerst vielfältig und kaum noch zu überschauen. Die folgenden Ausführungen sollen etwas mehr Klarheit verschaffen, erheben dabei aber keinen Anspruch auf Perfektion und Vollständigkeit.

Allgemeine Schulformen und Schulabschlüsse

In der nachstehenden Grafik sind die gängigsten Schulformen mit deren Möglichkeiten für weiterführende Bildungswege dargestellt.

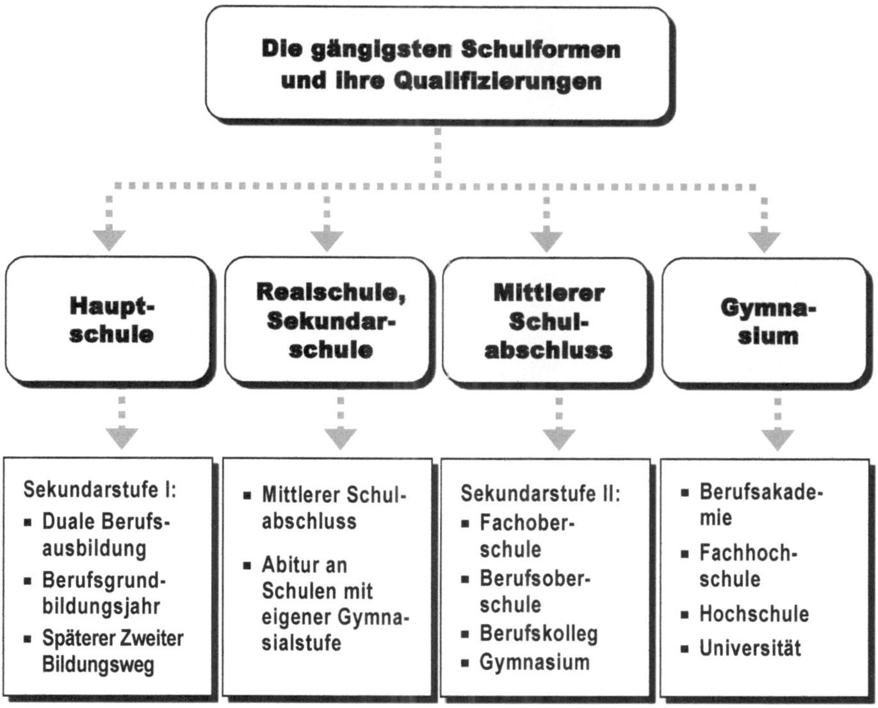

Die Hauptschule

Da in Deutschland Schulpflicht herrscht, müssen alle Kinder ab einem Alter zwischen 5 und 7 Jahren mindestens bis zur 9. Klasse zur Schule gehen. Die Schulzeit beginnt mit dem Primarbereich, nämlich dem Besuch der Grundschule bis zur 4. bzw. 6. Klasse. Sinn der Grundschule ist, die Kinder in zunächst spielerischer Weise auf das Lernen im Sekundarbereich (weiterführende Schulformen) vor-zubereiten.

Der Hauptschulabschluss (auch „Berufsbildungsreife“ oder „Berufsreife“) ist dann der erste allgemeinbildende Schulabschluss. Er wird je nach Schulpflichtdauer am Ende der 9. bzw. 10. Klasse an einer Schule mit einem Hauptschulzweig oder einer Hauptschule im Bereich der Sekundarstufe I erworben.

Mehrheitlich wird der Hauptschulabschluss zur Aufnahme einer dualen Berufsausbildung genutzt. Darüber hinaus berechtigt er zum Eintritt in das Berufsgrundbildungsjahr sowie unter bestimmten Voraussetzungen für Berufsfachschulen. Außerdem ist er Voraussetzung für den späteren Eintritt in bestimmte Fachschulen und Ein-richtungen des Zweiten Bildungswegs.

Allerdings ist die Zahl der Schulabgänger ohne Hauptschulabschluss während der letzten Jahre kontinuierlich gestiegen. Im Abgangsjahr 2019 waren es im bundesweiten Durchschnitt knapp 7 Prozent. Bei Ausländern lag die Quote sogar über 18 Prozent.

Die nachstehende Grafik zeigt, auf welchen Wegen es jedoch möglich ist, den Schulabschluss auch später noch nachzuholen.

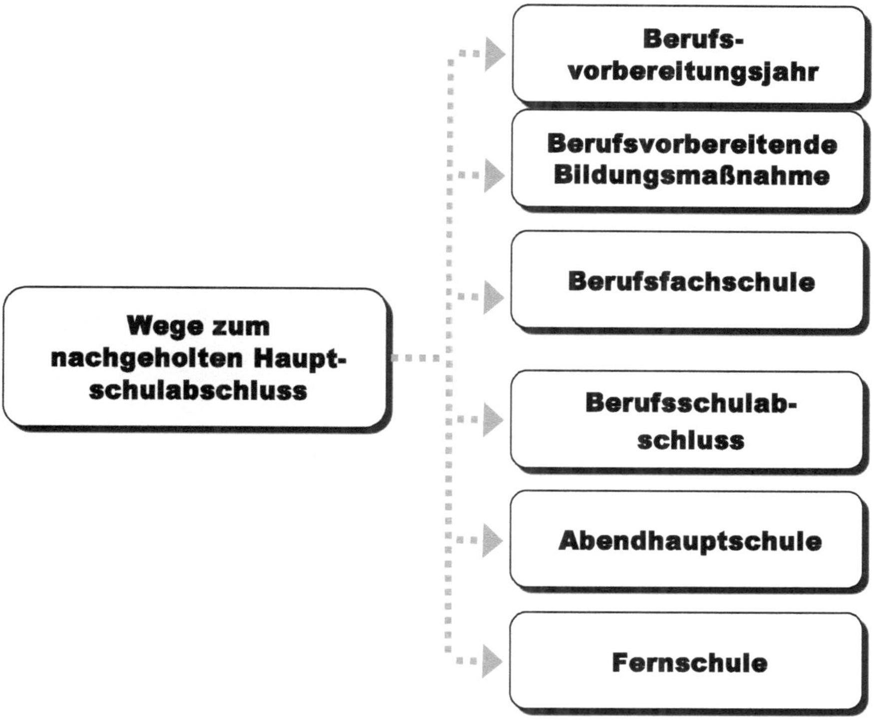

- Berufsvorbereitungsjahr

  In ein Berufsvorbereitungsjahr kann man gehen, wenn man keinen Ausbildungsplatz gefunden hat. Man lernt in einem Schuljahr mehrere Berufsfelder kennen, macht Praktika und kann in bestimmten Schulfächern Wissen sammeln, das noch fehlt. Mit einer Zusatzprüfung kann anschließend der Hauptschulabschluss nachgeholt werden.

- Berufsvorbereitende Bildungsmaßnahme

  Eine berufsvorbereitende Bildungsmaßnahme kann man besuchen, wenn man keinen Ausbildungsplatz bekommen hatte und nicht bis zum nächsten Ausbildungsjahr warten will. Man wird dabei auf die jeweilige Berufswahl vorbereitet, indem fehlendes theoretisches Wissen ergänzt und durch bestimmte praktische Aufgaben die Eignung für verschiedene Berufe getestet sowie verbessert wird.

- Berufsfachschule

  Manche Bundesländer bieten 2-jährige Berufsfachschulen an. Sie qualifizieren für einen Beruf und bringen nach einem Jahr zum Hauptschulabschluss.

  Wenn die Noten gut sind, kann man mit dem 2. Jahr sogar den Mittleren Bildungsabschluss (MSA) erwerben.

- Berufsschulabschluss

  Für diese Variante muss man bereits einen Ausbildungsplatz in einem Betrieb haben. In der Regel besucht man daneben an ein bis zwei Tagen in der Woche eine Berufsschule. Der erfolgreiche Abschluss der Berufsschule ist dem Hauptschulabschluss gleichgestellt.

  Hat man beim Berufsschulabschluss sogar einen Mindestnotendurchschnitt von 2,5 erzielt, hat man auf diese Weise auch den Mittleren Bildungsabschluss erworben.

- Abendhauptschule

  Auch an einer derartigen Schule kann man den Hauptschulabschluss nachholen. Es ist ohne oder mit dem Hauptfach Englisch möglich, wobei die Fremdsprache erfahrungsgemäß mehr berufliche Möglichkeiten eröffnet.

  Die Schulform wird überwiegend von Volkshochschulen, aber auch von anderen Einrichtungen der Erwachsenenbildung angeboten. Dabei gibt es von der Zeitplanung her hauptsächlich folgende Varianten:

  - Abendunterricht an drei bis vier Wochentagen, etwa ab 17:30 Uhr
  - Nachmittagsunterricht, etwa ab 14:30 Uhr

  Eine besondere Variante ist die sogenannte „Tageshauptschule“ mit Vormittagsunterricht an drei bis vier Wochentagen.

- Fernschule

  Kurse an Fernschulen bieten die Möglichkeit, sich bei freier Zeiteinteilung und trotz Berufstätigkeit auf die staatliche Nichtschülerprüfung (auch Externenprüfung genannt) zum Hauptschulabschluss vorzubereiten.

Die Realschule

Sie ist eine der weiterführenden Schulen und umfasst (je nach Bundesland) die Klassen 5 bis 10 oder 7 bis 10 der Sekundarstufe I. Von der fünften bis zur sechsten Klasse einer Grundschule können Kinder mit ausreichend guten Noten direkt zur Realschule wechseln. Ursprünglich als praxisnäherer Gegenentwurf zum Gymnasium gegründet, dienen die Realschulen heute dazu, eine erweiterte allgemeine Bildung zu vermitteln. Die Jugendlichen können dabei technisch-naturwissenschaftliche, sprachliche, sozialkundliche oder wirtschaftliche Schwerpunkte setzen.

Wer nach der zehnten Klasse die Mittlere Reife erwirbt, kann beispiels-weise Berufsfachschulen, Fachoberschulen oder auch das Gymnasium besuchen.

Die Sekundarschule

Die Bezeichnung „Sekundarschule“ steht für eine nach der Primarstufe (Grundbildung) weiterführende Schule der Sekundarbildung in verschiedenen Bildungssystemen. Die genaue Bedeutung des Begriffs unterscheidet sich jedoch von Ort zu Ort. Es kann damit sowohl eine Schule mit höheren als auch geringeren Anforderungen gemeint sein.

Der Mittlere Schulabschluss (MSA)

Einen Mittleren Schulabschluss – auch „Mittlere Reife“ genannt – erwerben Schüler nach zehn Schuljahren mit dem Abschluss der Sekundarstufe I. Je nach Bundesland gibt es hierfür Real-, Sekundar- oder Stadtteilschulen. Auch Gesamtschulen können mit dem Mittleren Schulabschluss enden, der in einigen Bundesländern als Fachoberschulreife, Sekundar- oder Realschulabschluss bezeichnet wird.

Außerdem ist es mittlerweile an vielen Hauptschulen möglich, ein zehntes Schuljahr anzuhängen, um so den höheren Schulabschluss zu erlangen. Auch wer nach der zehnten Klasse vom Gymnasium abgeht, hat in der Regel einen Mittleren Schulabschluss.

Der Mittlere Schulabschluss ist die Voraussetzung zum Besuch von Schulformen der Sekundarstufe II. Als das sind:

- Fachoberschulen
- Berufsoberschulen
- Berufskollegs
- Gymnasien

Je nach Bundesland und Schulart ist die Aufnahme an einer weiterführenden Schule jedoch außerdem an einen bestimmten Notendurchschnitt gebunden. In einigen Bundesländern wird auch zwischen einem Abschlusszeugnis des 10. Schuljahrs mit und ohne Qualifikationsvermerk unterschieden. Ein „qualifizierter" Abschluss (zum Beispiel ein „Erweiterter Sekundarabschluss I") berechtigt zum Besuch einer gymnasialen Oberstufe.

Das Gymnasium

Das Gymnasium ist eine weiterführende Schule, die je nach Bundesland nach acht oder neun Jahren mit dem Abitur abschließt. Wer das Gymnasium erfolgreich hinter sich gebracht hat, besitzt die Allgemeine Hochschulreife und kann an sämtlichen Hochschulen und Universitäten alle Fächer studieren.

Die Gymnasien haben unterschiedliche Schwerpunkte: Die Schüler besuchen entweder den mathematisch-naturwissenschaftlichen, neusprachlichen oder humanistischen Zweig mit Latein und Altgriechisch als Fremdsprachen. Neben diesen Hauptfachrichtungen gibt es auch musische, wirtschaftliche und Sportgymnasien. Wobei diese Ausrichtungen sich meist eher auf das Angebot der Zusatzkurse für die Schüler auswirken und nur selten tiefere, verpflichtende Eingriffe in den Stundenplan haben.

Besondere Schulformen und Bildungswege

Die Gesamtschule

Bei dieser Schulform wird die Differenzierung zwischen den möglichen Bildungsgängen (Grundschule, Realschule, Gymnasium) innerhalb einer Schule vorgenommen bzw. werden verschiedene Bildungsgänge an ein und derselben Schule angeboten.

Die Gemeinschaftsschule

Der Begriff steht für verschiedene Formen längeren gemeinsamen Lernens. Das Grundprinzip ist die flexible Kooperation verschiedener Schularten bis hin zur vollständigen Zusammenführung zu einer Schulart mit dem Ziel einer längeren gemeinsamen Schulzeit (bis zur 8. oder bis zur 10. Klasse).

Damit soll eine höhere Durchlässigkeit im Bildungssystem und eine effektivere Integration von Migrantenkindern erreicht werden. Der Unterschied zur Gesamtschule besteht hauptsächlich darin, dass im Gemeinschaftsschulkonzept die einzelnen Schulen vor Ort – abgestimmt auf die jeweilige lokale Situation – sich schrittweise verändern und selbstbestimmt agieren können.

Die Integrierte Sekundarschule (ISS)

Integrierte Sekundarschulen haben die Haupt-, Real- und Gesamtschulen abgelöst und haben das Ziel, sowohl leistungsstarke als auch schwächere Schülerinnen und Schüler zu fördern. Sie unterrichten von Klassenstufe 7 bis 10 im Ganztagsbetrieb und führen zu allen Schulabschlüssen: Nach zehn Jahren erwerben die Schüler die Berufsbildungsreife (früher Hauptschulabschluss), die erweiterte Berufsbildungsreife (früher erweiterter Hauptschulabschluss) sowie den Mittleren Schulabschluss (früher Realschulabschluss).

Einige dieser Sekundarschulen verfügen sogar über eine eigene gymnasiale Oberstufe, die nach 12 bzw. 13 Jahren zum Abitur führt. Sie sind damit in den Bildungsstandards und den Schulabschlüssen dem Gymnasium gleichwertig. Alle übrigen Sekundarschulen haben

Kooperationsvereinbarungen mit weiterführenden Schulen abgeschlossen – beispielsweise mit den Oberstufenzentren (siehe nächstes Kapitel).

Die Förderschule

Die Förderschule (Schule mit sonderpädagogischem Förderschwerpunkt) ist für Kinder und Jugendliche mit verschiedenen Beeinträchtigungen gedacht, derentwegen sie besonderen Förderbedarf haben. Daher die heute gebräuchliche Bezeichnung anstelle des Begriffs „Sonderschule“. Die einzelnen Schultypen setzen dabei unterschiedliche Schwerpunkte und richten sich mit ihrem jeweiligen sonderpädagogischen Angebot an Schüler mit bestimmten Einschränkungen. So gibt es beispielsweise Förderschulen für gehörlose Kinder und Jugendliche, für körperlich oder geistig behinderte sowie für solche mit Lernschwierigkeiten.

Der Zweite Bildungsweg

Erwachsene, die auf dem Ersten Bildungsweg keinen Schulabschluss erworben haben, der für eine weiterführende Bildungseinrichtung qualifiziert, können dies auf dem Zweiten Bildungsweg an Abendschulen, Abendgymnasien oder Kollegs nachholen. Entsprechende Bildungsgänge werden sowohl von staatlichen als auch freien Trägern angeboten. Sie bereiten auf höhere Schulabschlüsse wie das Abitur, die Fachhochschulreife oder die Mittlere Reife vor.

Dabei sind Kollegs zumeist Institute zur Erlangung der allgemeinen Hochschulreife. In der Regel braucht man hier drei Jahre, um das bundesweite Abitur ablegen zu können. Außerdem ist es meist möglich, auf diesem Weg bereits nach zwei Jahren den schulischen Teil der Fachhochschulreife („Fachabitur“) zu erlangen. Anders als an einem Abendgymnasium wird der Unterricht tagsüber erteilt. Kollegs werden somit vorrangig von ehemals Berufstätigen gewählt, die per Vollzeitunterricht ihre schulische Qualifikation erweitern wollen. Voraussetzung für den Besuch eines Kollegs ist in der Regel der Realschulabschluss oder ein vergleichbarer sowie eine bereits abgeschlossene Berufsausbildung.

Spezielle berufsbezogene Schulformen

Die Berufsoberschule

Sie führt Schülerinnen und Schüler mit abgeschlossener Berufsausbildung in einem insgesamt zweijährigen Bildungsgang der Jahrgangsstufen 12 und 13 zur fachgebundenen Hochschulreife oder bei Belegung einer zweiten Fremdsprache zur allgemeinen Hochschulreife. Nach Beendigung der Jahrgangsstufe 12 kann die Fachhochschulreife (mitunter auch als „Fachabitur" bezeichnet) erworben werden, die aus einem schulischen und einem berufsbezogenen Anteil besteht.

Für den Zugang zur Berufsoberschule kommen zwei verschiedene Voraussetzungen in Frage.

a) Schulische Aufnahmevoraussetzung:
   Nachweis des Mittleren Schulabschlusses
b) Unterschiedliche berufliche Aufnahmevoraussetzungen:
   - Abgeschlossene Berufsausbildung in einem anerkannten Ausbildungsberuf,
   - schulische Berufsausbildung mit staatlicher Abschlussprüfung,
   - bestandene Anstellungsprüfung in einer Laufbahn des mittleren oder gehobenen Dienstes von öffentlichen Verwaltungen,
   - eine mindestens fünfjährige berufliche Tätigkeit

Das Oberstufenzentrum

Im Land Berlin findet die berufliche Bildung überwiegend an Oberstufenzentren statt. Sie sind in 13 Berufsfelder gegliedert (zum Beispiel Gesundheit, Metalltechnik, Wirtschaft oder Verwaltung). Die Schüler werden in rund 600 anerkannten Ausbildungsberufen unterrichtet.

Jedes Oberstufenzentrum vereinigt unter einem Dach verschiedene Bildungsgänge, die der Berufsvorbereitung, der Ausbildung oder der Weiterbildung in einem Berufsfeld dienen. Damit wird das Bildungssystem für den einzelnen Schüler durchgängig. Das heißt, für eine berufliche Höherqualifizierung muss die Schule nicht verlassen werden.

Je höherwertiger der eigene Schulabschluss ist, umso mehr Möglichkeiten hält man sich für die endgültige Berufswahl offen.

3. Probleme der Übergangsphase ins Berufsleben

Nicht immer gelingt Schulabgängern ein nahtloser Übergang in den Beruf. Dazu sind drei Gruppen zu nennen:

- Die erste Gruppe sind diejenigen Schulabgänger, die entweder keinen anerkannten Schulabschluss erreicht haben oder deren in der Schule erworbenen Basiskompetenzen trotzdem nicht für eine Berufsausbildung ausreichen – womit sie als berufsbildungsunfähig gelten.
- Andere haben zwar anforderungsgerechte schulische Leistungen erbracht und einen qualifizierenden Schulabschluss erzielt, finden aber dennoch keinen geeigneten Ausbildungsplatz.
- Zur dritten Gruppe schließlich gehören Schulabgänger, die zwar einen Ausbildungsplatz bekommen haben, aber die Ausbildung vorzeitig abbrechen oder die Abschlussprüfung nicht bestehen.

Die Ursachen von Problemen hinsichtlich des Wechsels vom Schulbesuch ins Berufsleben können vielfältig sein:

- Gesamtwirtschaftliche Situation (allgemeine Arbeitslosigkeit)
- Persönliches Umfeld (Familie, Freundeskreis, partnerschaftliche Beziehung oder Wohnsituation)
- Mangelnde persönliche Entschlossenheit oder Eignung (Ratlosigkeit, Unsicherheit bzw. Entscheidungsschwäche oder aber Unbegabtheit, Wissensdefizite, Leistungsunwilligkeit bzw. körperliche/geistige Behinderung)

Diese Handicaps können dazu führen, dass Jugendliche gar nicht erst einen berufsqualifizierenden Bildungsweg einschlagen. Es gibt aber solche, die während der Berufsausbildung scheitern oder ihre Ausbildung aus unterschiedlichen Gründen vorzeitig abbrechen.

Damit trotz ungünstiger Vorbedingungen ein reibungsloser Start ins Berufsleben gelingt, sind die jeweiligen Probleme zu analysieren, Lösungsmöglichkeiten zu suchen und sich bietende Chancen zuversichtlich sowie tatkräftig wahrzunehmen.

Herrschende oder drohende Jugendarbeitslosigkeit

Als Jugendarbeitslosigkeit gilt eine Arbeitslosigkeit von Jugendlichen zwischen 15 und 24 Jahren.

Sie kann vor allem durch eine schlechte gesamtwirtschaftliche Situation entstehen. In einigen früheren Jahren bewirkte eine schwächelnde deutsche Wirtschaft auch eine mangelnde Bereitschaft vieler Unternehmen Ausbildungsplätze anzubieten, was das Problem der Jugendarbeitslosigkeit zwangsläufig verschärfte.

Aber auch durch ein Bildungssystem, das Jugendliche nicht ausreichend auf das Arbeitsleben vorbereitet, kommt es zu Jugendarbeitslosigkeit. Bezeichnend für die Mängel im deutschen Schulsystem der letzten Jahrzehnte ist, dass in 2019 deutsche Unternehmen rund 10 % ihrer Ausbildungsplätze nicht besetzen konnten. Die haupt-sächlichen Hemmnisse dabei waren unklare Berufsvorstellungen mancher Schulabgänger. Vor allem aber lag es daran, dass viele Bewerber aufgrund ungenügenden Schulwisssens für eine Berufsausbildung schlichtweg nicht geeignet waren!

Erfreulicherweise war die Jugendarbeitslosigkeit in Deutschland mit weniger als 4 % in 2019 dennoch auf dem niedrigsten Stand in der Europäischen Union. Trotzdem kann der konjunkturbedingt derzeit zunehmende Mangel an gut ausgebildeten Fachkräften für den Wirtschaftsstandort Deutschland zukünftig zu einem existenziellen Problem werden.

Es gab jedoch auch Zeiten, in denen die Jugendarbeitslosigkeit auch hierzulande erheblich höher war: So lag die Quote im Jahr 2005 bei 12,5 % und war somit gut dreimal so hoch wie heute! Doch kann sich auch die aktuelle Situation schnell wieder verschlechtern. Und zwar nicht nur durch einen innerdeutschen Wirtschaftsabschwung, sondern in Zeiten der Globalisierung auch durch diverse internationale Einflüsse.

Um sich gegen eine zunehmende Jugendarbeitslosigkeit bestmöglich abzusichern, gilt es, schon als Schüler einen optimal berufsqualifizierenden Schulabschluss anzustreben.

Problematisches persönliches Umfeld

Sowohl das soziale Umfeld als auch die materiellen Lebensbedingungen können dazu führen, dass ein Jugendlicher schon vom Schulbeginn an einen perspektivlosen Bildungsweg einschlägt oder später durch negative Einflüsse vom rechten Weg abkommt.

Ungünstige Bedingungen im Elternhaus

Es beginnt oft bereits mit dem Elternhaus. Wenn zum Beispiel die Eltern selber ohne eine gute Schul- oder Berufsausbildung ausgekommen sind, besteht die Gefahr, dass sie auch für ihre Kinder eine solche für nicht notwendig erachten. Oder sie aus egoistischen materiellen Erwägungen, möglicherweise aber auch aufgrund wirtschaftlicher Zwänge, von den Kindern eine frühestmögliche Erwerbstätigkeit verlangen.

Ein Grund kann auch sein, dass sich die Eltern trotz guter Absichten wegen ihres geringen Einkommens einfach keine kostspielige weiterqualifizierende Bildung für ihre Kinder leisten können. Nicht selten spielt auch der eigene Bildungsstand der Eltern insofern eine Rolle, als sie nur eingeschränkt in der Lage sind, ihre Kinder beim Lernen zu unterstützen bzw. zu motivieren. Hinzukommen kann, dass die häuslichen Wohnverhältnisse keine optimalen Lernbedingungen zulassen.

Ein schlechtes Vorbild liefert auch Langzeitarbeitslosigkeit von Eltern. Die Kinder erlernen es dann schon früh, dass man in unserem Sozialstaat auch ohne jegliche Berufstätigkeit relativ gut überleben kann – man also nicht unbedingt jeden Tag früh aufstehen und sich anstrengen muss. Kommt es dann noch zu einer Ehescheidung und zerrütteten Familienverhältnissen, kann sich das auf die Lernbereitschaft der Kinder logischerweise zusätzlich negativ auswirken.

Hinsichtlich familiärer Handicaps sind hier naturgemäß in erster Linie die Eltern gefordert, im Rahmen ihrer Möglichkeiten dennoch bestmögliche Voraussetzungen für die Bildung ihrer Kinder zu schaffen.

Doch muss man realistisch betrachtend einräumen, dass es für Eltern aller gesellschaftlichen Schichten in den letzten Jahrzehnten zunehmend schwieriger geworden ist, ihre Kinder hinsichtlich ihres Bildungswegs zu beraten und auf sie zielführend einzuwirken. Wegen immer schnellerer beruflicher Wandlungsprozesse mit den daraus erwachsenden neuartigen Wissens-und Leistungsanforderungen sind sie heutzutage oft ebenso überfordert, wie die Jugendlichen selbst. Erschwerend kommt die schier unüberschaubare und sich ebenfalls ständig wandelnde Bildungslandschaft in Deutschland hinzu (siehe auch Kapitel 2).

Vor allem aber Eltern mit geringem eigenem Bildungsniveau oder ohne zweckdienliche Berufserfahrungen fällt es unter den heutigen Bedingungen besonders schwer, ihre Kinder gemäß den aktuellen Erfordernissen auf den Berufsweg vorzubereiten und sie wirksam zu unterstützen.

Daher ist es dringend anzuraten, auch externe fachlich beratende Angebote zu nutzen.

Siehe hierzu Kapitel 11.

Einflüsse des außerfamiliären Umfelds

Einen nicht zu unterschätzenden negativen Einfluss kann aber ebenso der Umgang mit anderen Jugendlichen ausüben. Sei es durch Mitschüler, Freunde oder Vereinskameraden, aber auch Einflüsse durch partnerschaftliche bzw. erotische Beziehungen.

Hier spielt der Gruppendruck eine wesentliche Rolle. Insbesondere Jugendliche wollen sich zugehörig fühlen und in einer Gruppe anerkannt werden. Indem sie den anderen imponieren oder sich sogar als ihr Anführer profilieren.

Auch hier stehen die Eltern in der Verantwortung. Sie sollten sich beizeiten darum kümmern, welchen Umgang ihre Kinder pflegen und notfalls gegensteuernd eingreifen. Wobei das zugegebener Maßen eine schwierige Gratwanderung ist: Einerseits positiven Einfluss ausüben zu wollen, andererseits aber keine Trotzreaktionen hervorzurufen und nicht als spießig zu gelten. Es erfordert von den Eltern eine verständnisvolle, partnerschaftliche Grundhaltung sowie viel Fingerspitzengefühl.

Jedoch sollte es sich jeder Jugendliche selbst klarmachen, dass für sein künftiges Schicksal in erster Linie er selbst verantwortlich ist!

Als Jugendlicher sollte man sich beizeiten fragen, wie man auch aus ungünstigen Gegebenheiten das Beste für sich machen kann. Und ob es einem vorrangig darauf ankommt, momentan ein bequemes Leben zu führen und sich womöglich mit (vermeintlich guten) Freunden zu umgeben. Oder aber es langfristig wichtiger wäre, im späteren Leben einem interessanten, befriedigenden und darüber hinaus vielleicht auch gut bezahlten Beruf nachzugehen.

Unentschlossenheit oder unzureichende Eignung

Entscheidungsbereitschaft und Tatkraft

Es ist verständlich, wenn ein Jugendlicher sich damit schwertut, sich für einen bestimmten Berufsweg zu entscheiden und entsprechend initiativ zu werden. Das kann damit zusammenhängen, dass er

- zu wenig über die Inhalte und Eigenheiten der verschiedenen Berufe weiß oder
- es ihm an der persönlichen Entschlussfreudigkeit und Tatkraft mangelt.

Daher ist es wichtig, sich beizeiten – möglichst schon während der Schulzeit – darüber zu informieren, welche Berufe es gibt, was ihre Tätigkeitsinhalte und Arbeitsbedingungen sind und welche Voraussetzungen für den Berufseinstieg zu erfüllen sind.

Es genügt jedoch nicht zu wissen, welche beruflichen Möglichkeiten sich bieten, sondern ist es darüber hinaus auch erforderlich, sich rechtzeitig für einen der möglichen Wege zu entscheiden und ihn tatsächlich einzuschlagen. Die Kapitel 4 und 5 enthalten hierzu einige hilfreiche Anregungen und Entscheidungstechniken.

Denn wie schon Erich Kästner schrieb: „Es gibt nichts Gutes, außer man tut es.“

Optimierung und Erleichterung der Entscheidung

Was die Entschlusskraft anbelangt, so spielen auch hier zweierlei Komponenten eine Rolle.

- Entscheidungssicherheit:
  Sie wird auf rationale Weise gewonnen und ist ein durch Lebenserfahrungen oder bewusstes Lernen erworbenes Urteilsvermögen.
- Entscheidungsbereitschaft:
  Die Bereitschaft wichtige Entscheidungen zu treffen beruht hingegen überwiegend auf emotionalen Voraussetzungen. Sie erwächst aus einem positiven Selbstwertgefühl, einer aktiven und

optimistischen Grundeinstellung sowie einer motivierenden Bedürfnislage.

Was die Entscheidungssicherheit anbelangt, so hat man als Jugendlicher aufgrund der begrenzten Lebenserfahrungen und noch seltenem existenziellen Entscheidungsbedarf naturgemäß noch keine Routine darin entwickeln können.

Deshalb ist es empfehlenswert, bei der Wahl des Bildungswegs eine erfahrene Person beratend hinzuzuziehen. Das sollten natürlich vor allem die Eltern sein, kommen dafür aber auch andere lebens- oder berufserfahrene Verwandte oder Bekannte in Frage. Darüber hinaus gibt es vielfältige Möglichkeiten, sich durch entsprechende Literatur oder im Internet selber zu informieren, um sich die Entscheidung zu erleichtern. Auch kann man das Angebot einer berufsberatenden Einrichtung wahrnehmen. In den Kapiteln 11 und 12 sind für beide Initiativen zahlreiche Möglichkeiten aufgeführt.

Eine besonders informative und praxisnahe Möglichkeit der beruflichen Orientierung sind Berufspraktika während der Schulzeit. Die Schüler arbeiten während des Praktikums im Arbeitsteam eines Betriebs oder einer Behörde mit, erleben auf diese Weise hautnah die Atmosphäre an einem Arbeitsplatz, erhalten Einblicke in einige Arbeitsabläufe und können sich dabei selbst ausprobieren. Ein weiterer Nutzen ist, dass ein Schülerpraktikum den Lebenslauf anreichert, was die Chancen bei späteren Bewerbungen um einen Ausbildungsplatz steigert.

Abgesehen von derartigen unterstützenden Maßnahmen kann es hilfreich sein, eine bewährte Entscheidungstechnik anzuwenden. Im folgenden Kapitel ist eine dieser Techniken erläutert, die unkompliziert und leicht erlernbar ist, aber dennoch gut begründete Ergebnisse für die Berufswahl erbringen kann.

Eine gesteigerte Entscheidungssicherheit mindert die Scheu vor Entscheidungsrisiken und fördert somit die Entschlussfreudigkeit sowie Tatkraft.

Persönlichkeitseigenschaften für die berufliche Eignung

Jeder Mensch hat von Natur aus persönliche Eigenschaften, aufgrund derer er für bestimmte Berufstätigkeiten besonders gut geeignet ist. Hinzu kommen durch Erziehung oder Lebenserfahrung erworbene persönliche Grundeinstellungen und Fähigkeiten, die dafür relevant sein können.

Hierzu gehören unter anderem die nachstehend aufgeführten Persönlichkeitsmerkmale und einige dafür typische Beispiele:

- Ethische und moralische Grundsätze (Weltanschauung, Religion)
- Hervorstechende Charaktereigenschaften (Ehrlichkeit, Zuverlässigkeit)
- Angeborene Talente (Auffassungsgabe, Kreativität)
- Typische Verhaltensmerkmale (Gewissenhaftigkeit, Ordnungs-sinn)
- Neigungen und Interessengebiete (Experimentierfreude, Hobbys)
- Körperliche Verfassung (Körperkräfte, Kondition)
- Nervliche Belastbarkeit (Stressresilienz, Gelassenheit)
- Allgemeine Gesundheit (Körper, Psyche)
- Erlerntes Wissen (Allgemeinwissen, Fachkenntnisse)
- Erworbene Fähigkeiten (logisches Denken, manuelle Fertigkeiten)
- Kommunikationsfähigkeiten (Sprachverhalten, Rhetorik)

> **Um sich für einen passenden Beruf entscheiden zu können, sollte man sich beizeiten darüber klar werden, was die eigenen Stärken, aber auch Schwächen sind.**

Andernfalls kann es dazu kommen, dass man viel Zeit und Energie in nutzlose Bildungsmaßnahmen investiert oder sich für einen Beruf entscheidet, der einem nicht liegt, einen möglicherweise überfordert und man daher häufig Misserfolgserlebnisse erleidet. Man auf Dauer unzufrieden ist und letztlich unglücklich wird.

Doch ist es allzu menschlich, dass man sich bei der Selbstbeurteilung leicht vom Wunschdenken leiten lässt. Man neigt dazu, erkannte Schwachpunkte zu relativieren, was natürlich nicht hilfreich ist. Um zu objektiveren Erkenntnissen zu gelangen, sollte man sich daher möglichst neutrale, vorurteilsfreie Rückmeldungen einholen. Dazu können verhelfen:

- Freimütige Gespräche mit Verwandten oder guten Freunden
- Persönlichkeitsberatung in staatlichen Beratungsstellen
- Beratung durch professionelle private Institute oder Coachs
- Schriftliche Persönlichkeitstests aus Ratgeberbüchern

Im Kapitel 11 finden Sie dazu einige Hinweise auf zweckdienliche Literatur, Internetportale sowie Adressen beratender Einrichtungen.

Nachträglicher Erwerb eignungsbedingter Fähigkeiten

Sollte es sich herausstellen, dass man für seinen Traumberuf nicht die hinreichenden Vorkenntnisse oder Grundfertigkeiten besitzt, muss man dennoch nicht für immer auf seinen Berufswunsch verzichten.

Sofern es sich um erlernbare Fähigkeiten handelt, ist zu prüfen, ob es Weiterbildungsmöglichkeiten gibt, um diese doch noch zu erwerben. Dabei ist aber auch zu überlegen, ob man tatsächlich willens und in der Lage ist, den damit verbundenen Aufwand zu leisten – dieser also in einem angemessenen Verhältnis zum erzielbaren Nutzen stünde.

Der Aufwand für eine Weiterbildung zwecks Qualifizierung für einen wunschgemäßen Beruf ist – wie auch immer – stets eine lohnenswerte Investition für die spätere Lebensqualität.

Berufliche Chancen körperlich oder geistig Behinderter

Auch bei einer körperlichen oder geistigen Behinderung gibt es zahlreiche Möglichkeiten, sich für eine Berufstätigkeit zu qualifizieren. Es gibt dazu gezielte Fort- und Weiterbildungen für Behinderte, die dazu dienen, neue Qualifikationen zu erlangen und sich dadurch einen Vorteil für den weiteren beruflichen Werdegang zu verschaffen.

Außerdem gibt es mit der „Rahmenvereinbarung zur Integration schwerbehinderter Menschen (RIV) des Bundesministeriums der Justiz und für Verbraucherschutz“ und seit 2006 mit dem „Allgemeinen

Gleichbehandlungsgesetz (AGG)“ in Verbindung mit dem „Neunten Sozialgesetzbuch (SGB IX)“ gesetzliche Regelungen, nach denen Schwerbehinderte bei der Begründung eines Arbeits- oder Beschäftigungsverhältnisses sowie beim beruflichen Aufstieg wegen ihrer Behinderung nicht benachteiligt werden dürfen.

Demzufolge sind auch die Eignungsanforderungen an Behinderte entsprechend niedriger anzusetzen. Bei gleicher Qualifikation sind schwerbehinderte Personen bei der Einstellung sogar vorrangig zu berücksichtigen.

Unternehmen sind verpflichtet, für eine behindertengerechte Arbeitsplatzausstattung zu sorgen und alles dafür zu tun, dass Behinderte bestmöglich in den Arbeitsalltag integriert werden.

Unter anderem sind daher die Arbeitsanforderungen der jeweiligen Einschränkung anzupassen. Schwerbehinderten Beschäftigten sollte wo möglich Gelegenheit geben werden, ihre Kenntnisse und Fähigkeiten zu erweitern. Bei Fortbildungsmaßnahmen sind sie daher bevorzugt zu berücksichtigen. Die Teilnahme an außerbetrieblichen Maßnahmen ist in angemessenem Umfang zu erleichtern.

4. Bedürfnis- und eignungsgerechte Berufswahl

Berufstätigkeit in Zeiten des permanenten Wandels

Abnehmende Kontinuität der Beschäftigungsverhältnisse

In früheren Zeiten existierten hierzulande die meisten Unternehmen viele Jahrzehnte und es war somit eine Normalität, während des gesamten Berufslebens in ein und demselben Betrieb zu arbeiten.

Doch durch die permanenten technischen, gesellschaftlichen und wirtschaftlichen Veränderungen der letzten Jahrzehnte hat sich diesbezüglich ein dramatischer Wandel vollzogen. Entwicklungen wie Globalisierung und Digitalisierung schaffen flächendeckend neue Voraussetzungen für das unternehmerische Handeln. Durch die dadurch bedingten häufigen Umorganisationen, Fusionen sowie Insolvenzen von Unternehmen und dem damit meist einhergehenden Personalabbau gehen ständig Arbeitsplätze verloren, werden aber auch neue, meist jedoch andersartige geschaffen.

Eine lebenslange Beschäftigung im selben Betrieb kann heutzutage niemand mehr erwarten.

Häufiger Wandel von Berufsbildern

Hinzu kommt, dass man früher davon ausgehen konnte, bis zum Ruhestand in seinem erlernten Beruf zu arbeiten und dabei mit den einmal erworbenen Fachkenntnissen auszukommen. Die rasanten Wandlungsprozesse erfordern heutzutage jedoch sowohl von den Wirtschaftsunternehmen als auch öffentlichen Verwaltungen häufige Änderungen ihrer Produktangebote und Arbeitsverfahren. Demzufolge müssen sie auch ihre Arbeitsplatzanforderungen entsprechend anpassen, was sich natürlich auch in den Berufsbildern nieder-schlägt.

Das führt dazu, dass teilweise ganze Berufe überflüssig werden und sich andererseits völlig neue entwickeln. Ein klassisches Beispiel hierfür ist der unvermittelte Fortfall des Bleisatzes im Druckereiwesen durch die Einführung des Fotosatzes, wodurch der Beruf des Schriftsetzers entbehrlich wurde. Selbst bei den verbliebenen Handwerksberufen haben sich die Anforderungen erheblich verändert: Während ein Werkzeugmacher früher ausschließlich Metall zu bearbeiten hatte, muss er heute auch mit Kunststoffen umgehen können, muss Grundkenntnisse der Pneumatik und Hydraulik besitzen sowie wegen der computergesteuerten Werkzeugmaschinen auch ausreichende Elektronik- und Programmierkenntnisse.

Aktuell arbeitet etwa ein Drittel der Beschäftigten in Deutschland in einem Beruf, der nicht oder nur wenig dem Berufsbild der ursprünglichen Berufswahl gleicht. Man spricht deshalb heute nicht mehr von Berufskarrieren, sondern eher von Kompetenzkarrieren. Also von Berufswegen, die lebenslanges Lernen erfordern, um auch bei sich ändernden Anforderungen einsetzbar zu bleiben.

Ein Wechsel des Berufs während der späteren Berufstätigkeit geht zwar stets mit einiger Ungewissheit und persönlichen Bedenken einher, bietet aber neue Perspektiven sowie Chancen und kann zur Steigerung der Lebensqualität führen. Möglicherweise hat man in den Jahren zwischen dem Berufseinstieg und dem Zeitpunkt des Wechsels neue Interessensfelder entdeckt oder seine persönlichen Prioritäten und Ziele angepasst. Diese können dann bei einer beruflichen Umorientierung eventuell zum Tragen kommen.

Die erste Wahl eines Berufs kann heutzutage keine einmalige Entscheidung mehr sein.

Vielfalt der Berufsbilder

Aufgrund der sich ändernden Tätigkeitsinhalte hat die Vielfalt der Berufsbilder ständig zugenommen bzw. sind neue Varianten entstanden, sodass die Berufslandschaft nahezu unüberschaubar geworden ist. Es gibt zurzeit in Deutschland rund 350 duale Ausbildungsberufe, die den Schulabgängern offen stehen. Allerdings wird in der Praxis oft ein bestimmter Schulabschluss verlangt, obwohl dies gesetzlich nicht vorgesehen ist. Für Abiturienten ist das Spektrum noch größer, denn hier kommen neben den dualen und schulischen Berufen noch über 550 duale Studiengänge hinzu, bei denen sich ein Studium mit einer beruflichen Ausbildung verbindet.

Im Wintersemester 2019/20 wurden an deutschen Hochschulen rund 20 000 Studiengänge angeboten. Damit sind seit 2007 rund eintausend hinzugekommen! Ebenso steigt die Anzahl der eingeschriebenen Studierenden stetig.

Um dennoch realistische Berufswünsche entwickeln zu können, sollte man sich zumindest über die gängigsten Berufsbilder sowie ihre Anforderungen und Zukunftschancen so gut wie möglich informieren.

Zielbewusste und gut überlegte Auswahlentscheidung

Die Wahl des richtigen Berufs ist eine der fundamentalen Entscheidungen für den gesamten Lebensweg. Auf die Frage was der „richtige" Beruf ist, kann es jedoch keine allgemeingültige Antwort geben, da hierfür viele höchst individuelle Kriterien entscheidend sind.

Eine grundsätzliche Schwierigkeit derartig komplexer Entscheidungsprozesse liegt darin, dass durch die vielen Entscheidungskriterien sowie Lösungsalternativen unser Gehirn schnell überfordert wird. Es ist nicht in der Lage, derart viele Entscheidungsgrößen gedanklich gleichzeitig miteinander zu vergleichen, um zu ausreichend begründeten Beurteilungen zu kommen.

Auch bei der Entscheidung für einen Ausbildungsberuf ist eine derartige komplizierte Ausgangssituation gegeben: Zum einen gibt es – wie eingangs geschildert – eine nahezu unüberschaubare Zahl von Berufsbildern aus denen man wählen kann. Zum anderen soll der gewählte Beruf vielen Anforderungen gerecht werden – soll er zahlreiche unterschiedliche persönliche Bedürfnisse und Wünsche erfüllen können!

Geht man systematisch vor und bedient sich geeigneter Entscheidungstechniken, ist es dennoch möglich, zu einer bestmöglichen Auswahlentscheidung zu gelangen.

Man hat dadurch gute Chancen, nicht von leichtfertigen Annahmen auszugehen und mit dem gewählten Beruf später tatsächlich glücklich und zufrieden zu werden.

Folgerichtiger Entscheidungsprozess

Um bei der Suche nach der geeignetsten Berufsart die in Frage kommenden Alternativen ihrem Nutzwert entsprechend bewerten und in eine Rangfolge bringen zu können, empfiehlt es sich gemäß dem nachstehend dargestellten Phasenmodell vorzugehen.

Die anschließend beschriebene „Rangreihenbildung“ ist eine hierfür besonders hilfreiche Entscheidungstechnik. Sie ist unkompliziert und wenig arbeitsaufwendig, liefert aber meist dennoch qualitativ hinreichende Ergebnisse. Will man jedoch zu differenzierteren Resultaten gelangen, kann stattdessen die etwas anspruchsvollere Technik der „Nutzwertanalyse“ verwendet werden, die im Anschluss daran dargestellt ist.

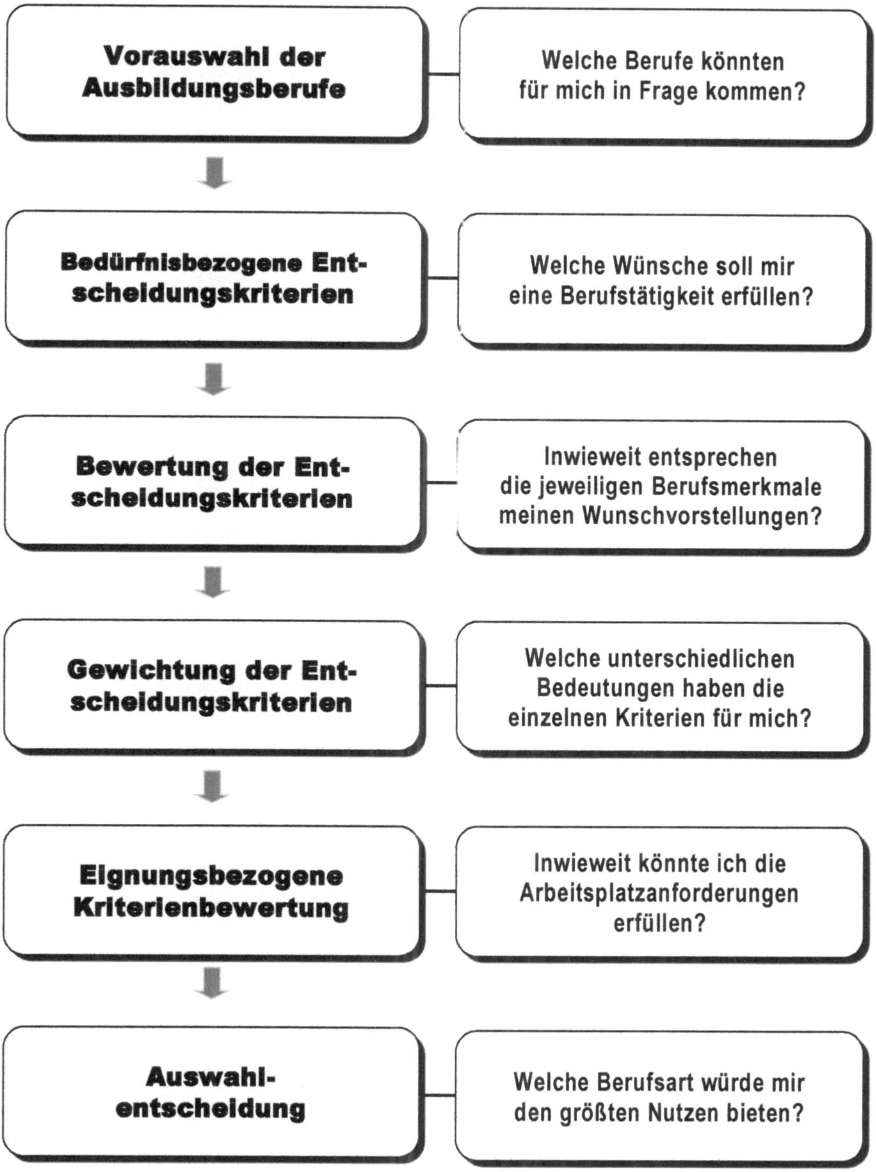

Die „Rangreihenbildung“

Zweckmäßigerweise kann hierfür die nachstehend abgebildete und anschließend erläuterte Tabelle verwendet werden.

Rangreihenbildung für die Berufswahl						Datum:		
Berufsarten → Entscheidungskriterien ↓								
Soziale Belange (Gesundheitswesen, Wohltätigkeit)								
Belange des Umweltschutzes (Klima, Landschaft)								
Notfallhilfe (Feuerwehr, Rettungsdienste)								
Öffentliche Sicherheit (Polizei, Sicherheitsdienste)								
Recht und Ordnung (Justiz, Anwaltskanzleien)								
Einkommenshöhe (Gehalt, Lohn, Zulagen)								
Altersvorsorge (Pension, Rente)								
Arbeitsplatzsicherheit (Kündigungsfristen)								
Arbeitszeitregelungen, Urlaubsmöglichkeiten								
Arbeitsinhalte (Regelaufgaben, Sonderaufgaben)								
Selbstständiges Arbeiten, Entscheidungsfreiheit								
Gestaltungsmöglichkeiten, kreatives Arbeiten								
Körperliche und nervliche Belastung								
Menschliche Kontakte (Teamarbeit, Kundendienst)								
Gesellschaftliches Ansehen (Berufsimage)								
Betriebsinterner Status (Position in der Hierarchie)								
Entwicklungs- und Aufstiegsmöglichkeiten								
Summen der Rangziffern								
Gesamt-Rangfolge der Berufsarten								

Gehen Sie beim Bearbeiten der Entscheidungstabelle folgendermaßen vor:

- Vorauswahl der Ausbildungsberufe

  Überlegen Sie sich zunächst, welche Berufsarten für Sie überhaupt in Frage kommen könnten. Auf der Website des Bundesinstituts für Berufsbildung *(www.bibb.de)* kommen Sie über das Navigationsstichwort „Berufesuche“ zu einer Auflistung sämtlicher Ausbildungsberufe, sortiert nach Berufskategorien und Ausbildungsdauern.

  Machen Sie sich Ihre Entscheidung nicht unnötig schwer, sondern berücksichtigen Sie nur Berufe, die Sie bei realistischer Betrachtung tatsächlich in die engere Wahl nehmen wollen, und tragen Sie diese in die senkrechten Tabellenfelder ein.

- Bedürfnisbezogene Entscheidungskriterien

  Hierzu zählen zunächst Ihre übergeordneten persönlichen Lebensziele, die Sie hinsichtlich Ihres künftigen Lebenswegs haben. Nämlich wie sich Ihr Leben gestalten soll, was Sie im Laufe des Lebens erreichen und als was Sie gelten wollen. Dabei können Ihnen die Ausführungen zur Selbstfindung im Kapitel 1 einige Anregungen liefern.

  Außerdem gehören hierzu aber auch alle konkreten materiellen sowie emotionalen Bedürfnisse, die durch Ihren Beruf befriedigt werden sollen. Fragen Sie sich, inwieweit Ihnen die jeweiligen Berufs- und Tätigkeitsmerkmale dazu verhelfen könnten. Tragen Sie diese Bewertungsmerkmale in die Spalte „Entscheidungskriterien“ ein.

  Zur Erleichterung sind bereits einige typische Kriterien für den Nutzwert eines Berufs vermerkt. Sofern manche davon für Sie unwichtig sind, sollten Sie diese bei der weiteren Bearbeitung unberücksichtigt lassen. Gibt es jedoch weitere für Sie bedeutsame Kriterien, können Sie diese in den Leerzeilen nachtragen.

- Alternativenbewertung

  Bringen Sie nun zeilenweise die vermerkten Berufsarten in Ihre persönliche nutzwertgemäße Rangfolge. Geben Sie also demjenigen Beruf, der das Entscheidungskriterium am besten erfüllt, die Rangziffer 1 und demjenigen, der das jeweilige Kriterium am wenigsten erfüllt, die höchste Rangziffer aller Berufsarten.

Erscheinen Ihnen zwei Alternativen gleichwertig, können Sie ihnen dieselbe Rangziffer zuordnen, da es das Gesamtergebnis nicht entscheidend beeinflussen wird.

Indem Sie die jeweiligen Rangziffern spaltenweise addieren, können Sie in der letzten Zeile eine Gesamtrangfolge der Berufe bilden. Der Beruf mit der niedrigsten Summe wäre demzufolge derjenige, den Sie vorrangig anstreben sollten.

- Kriteriengewichtung bei gleichrangigen Alternativen

  Rein rechnerisch kann es sich allerdings ergeben, dass zwei Berufe auf dem ersten Platz landen – Sie sich also zwischen diesen beiden zu entscheiden hätten. Es empfiehlt sich dann zu überlegen, welches Kriterium Ihnen am wichtigsten erscheint, um sich dann für diejenige Berufsart zu entscheiden, die in der betreffen-den Zeile höherrangiger eingestuft ist. Ergibt sich auch dabei ein Gleichstand, wäre die Prozedur mit dem zweitwichtigsten Kriterium zu wiederholen.

- Eignungsbezogene Kriterienbewertung

  Allerdings sollten Sie Ihre endgültige Berufswahl noch nicht alleine aufgrund der auf diese Weise ermittelten Alternativenrangfolge treffen, denn die bedürfnisbezogene Bewertung ist nur ein Teil des Entscheidungsprozesses. Bei der Berufswahl ist nämlich ebenso zu berücksichtigen, inwieweit man bei nüchterner Einschätzung meint, die nötigen persönlichen Eigenschaften und Fähigkeiten zu besitzen, um die speziellen Arbeitsplatzanforderungen des favorisierten Berufs erfüllen zu können. Wie schon an anderer Stelle erwähnt, kann man sich zwar auch Unmögliches wünschen, jedoch taugen unerfüllbare *Wünsche* nicht als *Ziel*e für die Lebens- oder Berufsplanung!

  Gelangen Sie bei selbstkritischer Betrachtung zu der Einsicht, dass Ihr persönliches Qualifikationsprofil zu wenig dem Anforderungsprofil der höchstplatzierten Berufsart entsprechen würde, sollten Sie sich überlegen, ob nicht eine der nächstplatzierten eher zu Ihnen passen würde.

- Auswahlentscheidung

  Sollten Sie bei der schließlich ermittelten Berufsart immer noch ein ungutes Gefühl haben, sollten Sie sich fragen, was der Grund dafür sein könnte. Vielleicht könnten Sie sich in diesem Beruf trotz Ihrer gründlichen Überlegungen nicht wiederfinden – möglicherweise entsprächen dessen Tätigkeitsmerkmale einfach nicht Ihrem Selbstverständnis bzw. könnten sie Ihnen keine Befriedigung verschaffen. Möglicherweis hatten Sie aber auch eine unbewusste persönliche Stärke oder Neigung bei den Bewertungen versäumt zu berücksichtigen.

Wie auch immer, sollten Sie sich nicht vorschnell gegen Ihr „Bauchgefühl" entscheiden.

Im Zweifel sollten Sie sich einen Beruf aussuchen, der in Ihrer Entscheidungstabelle einen der anderen höheren Ränge erzielt hat und Ihnen sympathischer erscheint.

Schwachpunkte der Rangreihenbildung

Die Entscheidungstechnik der Rangreihenbildung ist zwar unkompliziert und wenig arbeitsaufwendig, dafür aber in zweierlei Hinsicht ziemlich pauschalierend. Zum einen ist dabei nicht berücksichtigt, dass einem die einzelnen Kriterien möglicherweise unterschiedlich bedeutsam sind. In der Tabelle sind sie alle als gleichwertig berücksichtigt, obwohl es sein kann, dass man einige Kriterien für ganz besonders wichtig hält, andere hingegen für eher vernachlässigbar. Will man diese Ungenauigkeit beheben, bleibt nichts anderes übrig, als auch die Kriterien hinsichtlich ihrer Bedeutung in eine wertmäßige Rangfolge zu bringen, sind die einzelnen Kriterien – wie es in der Fachsprache heißt – zu „gewichten".

Ein weiterer Schwachpunkt bei den Bewertungen ist, dass die simple Ordinalskala zahlenmäßig gleichgroße Wertabstände zwischen den einzelnen Alternativen ergibt. Doch kann es durchaus sein, dass man bei einem bestimmten Kriterium den Nutzwertunterschied zwischen zwei benachbarten Bewertungsfeldern als wesentlich größer einschätzt als bei anderen Berufepaaren. Man dies bei der Entscheidungsfindung eigentlich berücksichtigen müsste, um zu einem präziseren Endergebnis zu kommen.

Die Nutzwertanalyse

Hält man es für nötig, statt der ziemlich pauschalierenden Ergebnisse der Rangreihenbildung präzisere Ergebnisse zu ermitteln, kommt man nicht umhin, eine anspruchsvollere Entscheidungstechnik einzusetzen.

Sie können hierzu die nachstehend beschriebene „Nutzwertanalyse" verwenden. Sie ist deutlich differenzierender, dabei aber immer noch relativ leicht zu handhaben. Gehen sie bei der Tabellenbearbeitung wie folgt vor.

- Datenübertragung

  Übernehmen Sie dazu aus der zuvor ausgefüllten Rangreihentabelle diejenigen Berufsarten in die Nutzwertermittlung, die Sie als besonders erstrebenswert eingeschätzt hatten. Der Vereinfachung wegen empfiehlt es sich, auf Berufsarten zu verzichten, die bei der Rangreihenbildung auf die nachrangigen Ränge gekommen waren und sich somit für Sie als weniger erstrebenswert herausgestellt hatten. Übertragen Sie gegebenenfalls Ihre zusätzlich eingetragenen Entscheidungskriterien.

- Kriteriengewichtung

  Ordnen Sie nun den einzelnen Kriterien, je nachdem wie wichtig bzw. bedeutsam sie für Sie sind, einen „Gewichtungsfaktor" zu. Verwenden Sie dazu die Skala gemäß der zweiten Kopfzeile der Tabelle und notieren Sie die gewählten Faktoren in der Spalte G.

Nutzwertanalyse für die Berufswahl

Datum:

Kriteriengewichtung (G): Bedeutung hoch = 3 Punkte → mittelmäßig = 2 Punkte → gering = 1 Punkt

Kriterienbewertung (Z): Zielerreichung gut = 3 Punkte → befriedigend = 2 Punkte → schlecht = 1 Punkt

Berufsarten → / **Entscheidungskriterien ↓**

Berufsziele, Tätigkeitsmerkmale (**G**ewichtung x **Z**ielerreichung = **N**utzwert)	G	Z	N	Z	N	Z	N	Z	N
Soziale Belange (Gesundheitswesen, Wohltätigkeit)									
Belange des Umweltschutzes (Klima, Landschaft)									
Notfallhilfe (Feuerwehr, Rettungsdienste)									
Öffentliche Sicherheit (Polizei, Sicherheitsdienste)									
Recht und Ordnung (Justiz, Anwaltskanzleien)									
Einkommenshöhe (Gehalt, Lohn, Zulagen)									
Altersvorsorge (Pension, Rente)									
Arbeitsplatzsicherheit (Kündigungsfristen)									
Arbeitszeitregelungen, Urlaubsmöglichkeiten									
Arbeitsinhalte (Regelaufgaben, Sonderaufgaben)									
Selbstständiges Arbeiten, Entscheidungsfreiheit									
Gestaltungsmöglichkeiten, kreatives Arbeiten									
Körperliche und nervliche Belastung									
Menschliche Kontakte (Teamarbeit, Kundendienst)									
Gesellschaftliches Ansehen (Berufsimage)									
Betriebsinterner Status (Position in der Hierarchie)									
Entwicklungs- und Aufstiegsmöglichkeiten									
Gesamt-Nutzwerte									

- Kriterienbewertungen

  Ihre Entscheidungskriterien stellen sozusagen die Messlatten dar, an denen Ihr persönlicher Nutzen der einzelnen Berufe abzulesen ist. Schätzen Sie daher bei jedem Entscheidungskriterium ein, inwieweit die einzelnen Berufsarten Ihre jeweilige Zielvorstellung erfüllen. D. h. inwieweit Sie durch die einzelnen Berufstätigkeiten Ihre Bedürfnisse befriedigen könnten und tragen Sie die ermittelten sogenannten „Zielerreichungsgrade“ in die Spalten Z ein. Die Bewertungsskala hierfür ist in der entsprechenden Kopfzeile dargestellt.

- Nutzwertberechnungen

  Durch Multiplikation der Zielerreichungsgrade mit dem jeweiligen Gewichtungsfaktor erhalten Sie dann für die einzelnen Berufsarten zu jedem Kriterium einen „Nutzwert N“. Die Additionen der Nutzwerte ergeben schließlich die Gesamt-Nutzwerte der verschiedenen Berufsarten und Sie erhalten auf diese Weise Ihre persönliche nutzenbezogene Rangfolge.

Arbeitsmarktabhängige Einflussfaktoren

Weitere Aspekte für die Berufswahl können eine Rolle spielen, wenn einige der bedürfnisbezogenen Kriterien nicht alleine von der Berufsart im Allgemeinen abhängen, sondern von der aktuellen Arbeitsmarktlage. Beispielsweise können Faktoren wie „Einkommenshöhe“ oder „Aufstiegsmöglichkeiten“ in den verschiedenen Branchen sehr unterschiedlich sein und können Schwankungen unterliegen.

Ein weiteres Problem kann sich ergeben, wenn für die von Ihnen als optimal ermittelte Berufsart momentan nicht genügend Ausbildungsplätze zur Verfügung stehen. Dann bleibt nur, sich zu informieren, welche anderen ähnlichen Ausbildungsmöglichkeiten aktuell angeboten werden oder in absehbarer Zeit zu erwarten sind. Der zuvor beschriebene Entscheidungsprozess liefert dann immerhin Anhaltspunkte, welche andersartigen Berufsbilder den eigenen Zielvorstellungen noch am nächsten kommen würden.

Zweckdienliche Auskünfte für die Berufswahl sowie die Suche nach einem Ausbildungsplatz geben unter anderem die Berufsberatungen und Jobcenter. Aber auch auf der Website der Bundesagentur für Arbeit *(www.arbeitsagentur.de/bildung/ausbildung)* werden freie Ausbildungsplätze angeboten.

Trotz aller Unsicherheitsfaktoren zwingt eine systematische Entscheidungstechnik jedenfalls dazu, sich mit den wichtigsten Aspekten der Berufswahl gedanklich auseinanderzusetzen und kann somit zu nützlichen Erkenntnissen verhelfen. Es wird einem auf diese Art bewusster, warum man zu einer wie auch immer gearteten Berufswahl gekommen ist.

Ein systematischer Entscheidungsprozess gewährleistet, sich nicht völlig ahnungslos oder leichtfertig einen Beruf zu wählen, sondern sich über die Risiken, aber auch Chancen der getroffenen Wahl klar zu sein.

Entscheidung zwischen Berufsausbildung und Studium

Schon während der Schulzeit sollte man sich fragen, ob man besser eine klassische Berufsausbildung ergreifen sollte oder ein Studium. Davon abhängig ist nämlich auch, welche Art des Schulabschlusses man zweckmäßigerweise anstreben sollte. Neigt man zu einem wissenschaftlich ausgerichteten Studium, ist in aller Regel das Abitur die Eingangsvoraussetzung. Hat man sich hingegen zu einer mehr praxis--orientierten Berufsausbildung entschlossen, ist der Aufwand für einen gymnasialen Schulabschluss normalerweise verzichtbar.

Spätestens aber nach dem Schulabschluss stellt sich die grundsätzliche Frage, in welche dieser beiden beruflichen Richtungen man gehen will. Muss man dann leider rückblickend erkennen, doch nicht den optimalen Schulabschluss gewählt zu haben, bieten sich aber dennoch verschiedene Möglichkeiten das Versäumte nachzuholen (siehe Kapitel 2).

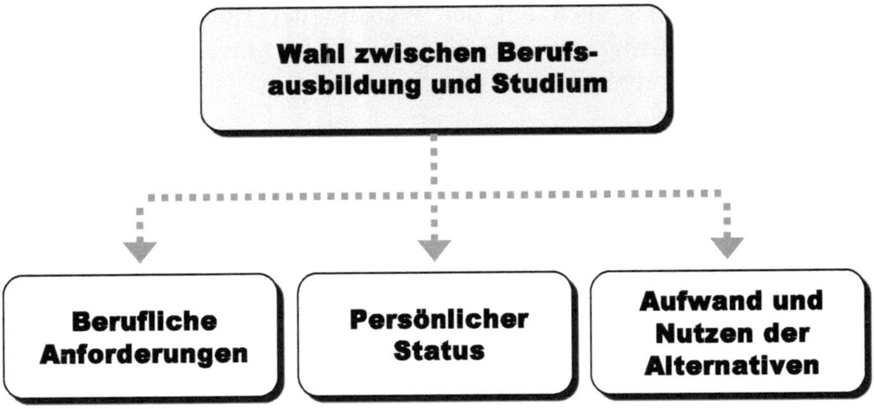

- Berufliche Anforderungen

  Unterschiedliche Berufstätigkeiten bedingen unterschiedliche Anforderungen. Das heißt, es sind unterschiedliche persönliche Neigungen und Fähigkeiten erforderlich, um im gewählten Beruf erfolgreich und zufrieden zu werden. Daher sollten Sie sich im Hinblick auf Ihre beruflichen Ziele bei der Wahl der Ausbildungsform selbstkritisch fragen:
  - „Bin ich ein eher praktisch veranlagter Typ – liegen mir vorrangig manuelle bzw. handwerkliche Tätigkeiten?"
  - „Oder bin ich eher ein Theoretiker – würde ich Bürotätigkeiten oder wissenschaftliche Aufgaben bevorzugen?"

- Persönlicher Status

  Eine weitere Frage ist, inwieweit es für Sie wichtig ist, in Ihrem Beruf Karriere zu machen, also einen möglichst hohen beruflichen und gesellschaftlichen Status zu erlangen:
  - „Geht es mir mehr oder weniger nur darum, solide berufliche Fähigkeiten zu erwerben, um somit bestmögliche Arbeitsergebnisse zu erzielen, Freude am Beruf zu haben sowie ein ausreichendes und gesichertes Einkommen zu erzielen?"
  - „Oder will ich darüber hinaus im Unternehmen möglichst weit aufsteigen, mich auch für Führungsaufgaben qualifizieren und ein möglichst hohes Ansehen gewinnen?"

- Aufwand und Nutzen der Alternativen

  Hierbei geht es darum abzuwägen, wie viel Energie, Zeit und Geld Sie bereit sind in die eigene Ausbildung zu investieren und welchen Nutzen Sie dadurch für Ihren künftigen Lebensweg erzielen könnten. Ob Sie sich zum Beispiel ein mehrjähriges, unter Umständen teures Studium vorstellen können bzw. welche Vorteile Sie sich davon gegenüber einer Berufsausbildung erhoffen.

Vor- und Nachteile eines Studiums

Nach Erreichen des Schulabschlusses, fühlen sich nicht wenige Jugendliche wie von einer Last befreit. Wegen des im Schulwesen vorherrschenden Prinzips des Frontalunterrichts sowie der hohen Klassengrößen wird nicht auf die Belange eines jeden Schülers hinreichend eingegangen. Demzufolge kommt bei manchen Schülern aufgrund von Unterforderung das Gefühl von Langeweile auf, während andere durch Überforderung unter dem Leistungsdruck leiden und sich übermäßig bevormundet fühlen. Beides wirkt sich natürlich negativ auf die Lernmotivation aus. Es ist daher nicht verwunderlich, wenn es dann nicht gerade als erstrebenswert empfunden wird, weitere drei oder mehr Jahre theoretisches Wissen erlernen zu müssen und dazu in teils überfüllten Hörsälen Gruppenarbeiten, Präsentationen und Prüfungen absolvieren zu haben.

Stellt man bei sich selbst eine solche innere Einstellung fest, sollte man dies nicht ignorieren oder zu relativieren suchen. Wird ein Studium, das ohnehin hohe Anforderungen stellt, ständig von inneren Widerständen begleitet, können sich die folgenden Jahre schnell zu einer Qual entwickeln, von der man nur hofft, dass sie so schnell wie möglich endet.

Ein Studium ermöglicht zwar ein flexibleres, den eigenen Gewohnheiten angepasstes Lernen, im Gegensatz zu einer strikt organisierten Berufsausbildung. Gerade aber für Studierende, die zur „Aufschieberitis“ neigen, kann diese Freizügigkeit zu einem echten Problem werden.

Einerseits bietet ein Studium mehr Freiräume für das Lernen und die persönliche Lebensführung, andererseits erfordert es mehr Selbstdisziplin, um die Studienziele dennoch zu erreichen.

Was die Finanzierung eines Studiums anbelangt, so sind zwar in Deutschland die allgemeinen Studiengebühren an staatlichen Hochschulen abgeschafft. Jedoch wird alle halbe Jahre ein Semesterbeitrag fällig. In Verbindung mit den Aufwendungen für Lernmaterialien und die allgemeine Lebensführung summieren sich die Kosten zu einer nicht unerheblichen Summe. Insbesondere wenn man wegen des Studiums nicht mehr bei den Eltern leben kann – ggf. sogar in einer fremden Stadt wohnen muss.

Auch wenn die Lehrlingsvergütungen nicht gerade üppig sind, so trägt ein Berufsausbildungsverhältnis dennoch ein wenig zum Lebensunterhalt bei, während ein Studium nur kostet statt Einkünfte zu erbringen.

Rein ökonomisch betrachtet spricht allerdings einiges für ein Hochschulstudium: Führt ein Studium zu einer monatlichen Einkommenssteigerung von lediglich 200 Euro, ergibt das über eine durchschnittliche Lebensarbeitszeit von 40 Jahren immerhin einen Vermögenszuwachs von rund 100 000 Euro – eine rentablere und sichere Investition als manche Aktienkäufe!

Zwar ist eine Entscheidung für oder gegen eine der beiden Ausbildungsformen nicht unwiderruflich, jedoch kann eine rechtzeitige realistische Einschätzung vor späteren Enttäuschungen und auch finanziellen Einbußen bewahren. Primär zu überdenken wären dabei folgende Punkte:

- Für das angestrebte Berufsfeld zu erwerbende Qualifikationen.
- Die Bereitschaft, weiterhin per Frontalunterricht theoretisches Wissen erwerben zu müssen.
- Die Selbstdisziplin, um sich gegebenenfalls Themen durch Lektüre oder auf anderen Wegen im Selbststudium anzueignen.

- Notwendigkeit neben dem Studium praktische Erfahrungen zu sammeln.
- Chancen sich durch ein eigenes Einkommen eine eigene Wohnung bzw. ein Zimmer leisten zu können und somit von den Eltern unabhängig zu sein.

Im Kapitel 6 sind die Möglichkeiten der Finanzierung eines Studiums erläutert.

5. Voraussetzungen und Wege der Berufsausbildungen

Berufsausbildung im dualen System

Mehr als die Hälfte eines Altersjahrgangs wählt diesen Weg als Einstieg in eine qualifizierte Berufs- bzw. Erwerbstätigkeit. Die Ausbildung im dualen System erfolgt an zwei Lernorten – dem Betrieb und der Berufsschule.

Voraussetzungen, Inhalte und Dauer der Ausbildung

Formal bestehen keine schulischen Zugangsvoraussetzungen für eine Berufsausbildung im dualen System – sie steht grundsätzlich jedem offen. Die Mehrzahl der Auszubildenden verfügt jedoch zuvor über den Mittleren Schulabschluss oder sogar eine Hochschulzugangsberechtigung. Eine zwingende Voraussetzung ist allerdings ein Berufsausbildungsvertrag mit einem Betrieb. Die betriebliche Ausbildung findet an drei bis vier Tagen pro Woche statt. Je nach Ausbildungsberuf und Ausbildungsjahr sind darüber hinaus ein bis zwei Berufsschultage zu absolvieren. Die Ausbildungsschwerpunkte sind:

- Vermittlung von fachlichen Fähigkeiten, Kenntnissen und Fertigkeiten
- Erwerb der sogenannten „beruflichen Handlungsfähigkeit“
- Ermöglichen erster Berufserfahrungen
- Charakterliche Förderung der Auszubildenden
- Kenntnis der Unfallverhütungsvorschriften zur Vermeidung von Gefährdungen

Die fachlichen Inhalte der einzelnen Berufe ergeben sich aus den jeweiligen Ausbildungsordnungen. Nach Abschluss der Ausbildung ist eine Facharbeiter- bzw. Gesellenprüfung abzulegen. Die Prüfungen werden von den Industrie- und Handelskammern bzw. den Handwerkskammern durchgeführt. Die Dauer einer Berufsausbildung beträgt je nach gewähltem Beruf zwischen zwei und drei Jahren – in manchen Berufen aber auch dreieinhalb Jahre.

Besuch der Berufsschule

In der Regel sind die Auszubildenden zum Besuch der Berufsschule verpflichtet und werden dazu vom Betrieb freigestellt. Generelle Aufgabenschwerpunkte der Berufsschulen sind:

- Vermittlung von theoretischen Fachkenntnissen
- Vertiefung der Allgemeinbildung
- Verleihung von Laufbahnberechtigungen

Alternativ wird auch sogenannter Blockunterricht durchgeführt. Das bedeutet, dass der Auszubildende für bis zu acht Wochen am Stück vollständig nur die Schule besucht. Der Berufsschulunterricht wird oft ergänzt durch eine überbetriebliche Ausbildung, die in eigenen Werkstätten der Handwerksinnungen und Kammern stattfindet. Darüber hinaus ist es mancherorts möglich, an einer Berufsschule Zusatzqualifikationen zu erwerben.

Abgeschlossene Berufsausbildung

Wird ein Auszubildender nach Ablauf des Ausbildungsverhältnisses im Betrieb weiterbeschäftigt, gilt automatisch ein Arbeitsverhältnis auf unbestimmte Zeit als vereinbart.

Eine abgeschlossene Berufsausbildung bildet stets eine solide Grundlage für eine weitere berufliche Karriere.

Durch Weiterbildung kann zum Beispiel im Handwerk ein Meisterbrief erworben werden. Mit bestandener Meisterprüfung oder auch mit einer mehr als dreijährigen Berufserfahrung kann sogar die Hochschulreife erreicht werden.

Rein schulische Berufsausbildungen

Neben der dualen Berufsausbildung besteht die Möglichkeit, eine schulische Ausbildung (auch „vollschulische Ausbildung“ genannt) zu absolvieren. Hier erfolgt die Berufsausbildung im Rahmen von Vollzeitunterricht an ausschließlich schulischen Einrichtungen. Etwa 20 Prozent der Jugendlichen, die einen Schulabschluss besitzen, wählen anschließend eine derartige vollzeitliche Berufsausbildung.

Voraussetzung für eine schulische Berufsausbildung ist normalerweise ein Realschulabschluss. An manchen Einrichtungen genügt allerdings bereits ein Hauptschulabschluss mit zusätzlichem Eignungstest. Auch besteht mitunter die Möglichkeit, parallel zur Ausbildung den Realschulabschluss oder sogar die Fachhochschulreife nachzuholen.

Eine schulische Vollzeitausbildung dauert ein bis dreieinhalb Jahre und beinhaltet in der Regel auch betriebliche Praktika. Abgeschlossen wird sie mit einer Prüfung. Ist die Ausbildung staatlich anerkannt, erhält man mit bestandener Prüfung einen vollwertigen Berufsabschluss. Ansonsten stellt das Ausbildungszeugnis eher eine Art Bildungszertifikat dar.

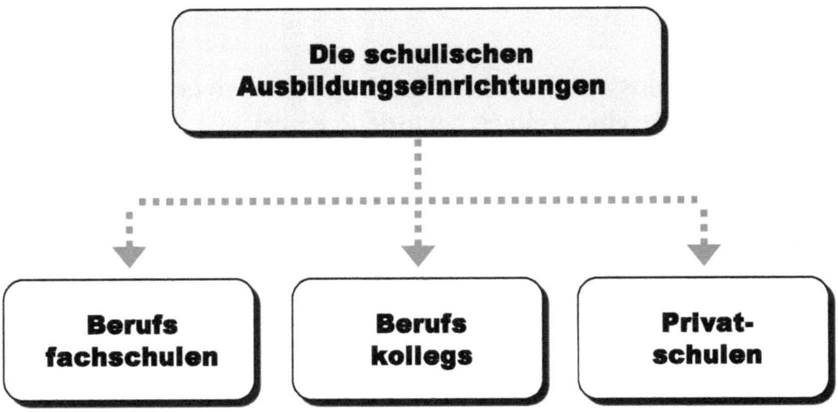

Weitere Informationen zu schulischen Berufsausbildungen sind auf folgender Website der Bundesagentur für Arbeit nachzulesen: *www.abi.de/ausbildung/schulischeausbildungen.htm?zg=schueler*.

Eine Auflistung der Berufe, die mit einer schulischen Ausbildung erlernt werden können, enthält auch eine Website der Absolventa GmbH *(www.azubi.de/beruf/tipps/schulische-ausbildung).*

- Berufsfachschulen

  Berufsfachschulen sind Einrichtungen der ausschließlich schulischen beruflichen Ausbildung. Das heißt, für ihren Besuch wird keine abgeschlossene Berufsausbildung oder berufliche Praxis vorausgesetzt. Die Bildungsgänge dauern in Vollzeitform ein bis drei Jahre, in Teilzeitform entsprechend länger. Es werden teilqualifizierende Bildungsgänge angeboten, die einen Teil der Berufsausbildung (z. B. berufliche Grundbildung) vermitteln, sowie vollqualifizierende Bildungsgänge mit Berufsabschluss.

  Letztere vermitteln die Qualifikationen zur Ausübung eines anerkannten Ausbildungsberufs nach dem Berufsbildungsgesetz bzw. der Handwerksordnung. Wenn das Abschlusszeugnis einen Notendurchschnitt von mindestens 3,0 aufweist und ausreichende Fremdsprachenkenntnisse bescheinigt, schließt es den Mittleren Schulabschluss ein.

  Es gibt Berufsfachschulen unterschiedlicher Fachrichtungen, wie zum Beispiel im kaufmännischen Bereich (auch „Wirtschaftsschule“ genannt) oder im Bereich Ernährung und Gesundheit sowie Schulen mit gewerblich-technischem Profil. Gegebenenfalls kann die Grundbildung ganz oder teilweise auf eine nachfolgende klassische Berufsausbildung im dualen System angerechnet werden.

  Sogenannte „Höhere Berufsfachschulen“ ermöglichen den Erwerb der Fachhochschulreife. Diese bildet die Grundlage für die Aufnahme eines Studienganges an einer Fachhochschule – in Ausnahmefällen auch an einer Universität.

  Einige Bundesländer zahlen den Schülern für die Zeit der Ausbildung eine Aufwandsentschädigung. Sie ist jedoch in der Regel an bestimmte Bedingungen gebunden, wie zum Beispiel die regelmäßige Anwesenheit. In Bundesländern mit Berufsschulpflicht bieten Berufsfachschulen auch die Möglichkeit, sich innerhalb einer einjährigen Ausbildung zunächst einmal nur beruflich zu orientieren.

- Berufskollegs

  Der Name „Berufskolleg“ bezeichnet je nach Bundesland unterschiedliche Schulsysteme oder Bildungsgänge. In den meisten Ländern ist damit ein Institut der Erwachsenenbildung zur Erlangung einer beruflichen Qualifikation und/oder eines allgemeinbildenden Abschlusses der Sekundarstufe I oder II gemeint. In anderen sind Berufskollegs lediglich besondere Schularten einer berufsbildenden Schule. Dabei gibt es zwei Unterrichtsvarianten:

- Vollzeitunterricht (Regelfall) oder
- Teilzeitunterricht bei Kooperation mit betrieblichen Ausbildungsstätten.

Im Gegensatz zur typischen berufsbildenden Schule bietet das Berufskolleg nicht nur die Möglichkeit einen Berufsabschluss zu erlangen, sondern gleichzeitig die Fachhochschulreife nachzuholen. Im Allgemeinen hat man nach ein bis drei Jahren eine berufliche Erstqualifikation. Die Fachhochschulreife kann vor allem folgende fachliche Schwerpunkte haben:

- Agrarwirtschaft
- Ernährung und Hauswirtschaft
- Gestaltung
- Sozial- und Gesundheitswesen
- Technik (z. B. Bau-, Bio-, Druck-, Elektro-, Metalltechnik)

Aufnahmevoraussetzung ist im Regelfall ein Realschulabschluss oder ein gleichwertiger Schulabschluss. Je nach Bildungsgang und örtlichen Regelungen wird jedoch mitunter auf eine bestimmte schulische Eingangsqualifikation verzichtet.

- Privatschulen

Neben den staatlichen berufsbildenden Schulen gibt es auch zahlreiche private Schulen, die berufliche Abschlüsse vermitteln. Sie werden unterschieden in „Ersatzschulen“ und „Ergänzungsschulen“.

Ersatzschulen bieten Bildungsgänge oder Abschlüsse an, wie sie auch an staatlichen Schulen vorgesehen sind – sie „ersetzen“ gewissermaßen eine staatliche Schule. Mit dem Besuch einer Ersatzschule erfüllen die Schüler die gesetzliche Schulpflicht. Die erworbenen Abschlüsse sind denen einer staatlichen Schule gleichwertig. Weiterhin wird unterschieden in „anerkannte“ und „genehmigte“ Ersatzschulen: Anerkannte Ersatzschulen können staatliche Abschlüsse selbst vergeben – genehmigte jedoch nicht.

Ergänzungsschulen bieten Bildungsgänge oder Abschlüsse, die an staatlichen Schulen weder angeboten noch vorgesehen sind. Sie „ergänzen“ das staatliche Schulsystem. Mit dem Besuch einer

Ergänzungsschule kann unter bestimmten Voraussetzungen die gesetzliche Schulpflicht erfüllt und ein staatlicher Abschluss erworben werden.

Zu den privaten Schulen zählen auch zahlreiche sogenannte „Wirtschaftsschulen“. Sie verkörpern eine Schulform, die eine allgemeine Bildung sowie die berufliche Grundbildung in einem bestimmten Berufsfeld vermittelt und auf eine entsprechende berufliche Tätigkeit vorbereitet. Nach bestandener Abschlussprüfung erhält der Schüler den Wirtschaftsschulabschluss, der einen Mittleren Schulabschluss beinhaltet. Durch den besonderen beruflichen Bezug besteht für erfolgreiche Absolventen in einigen Ausbildungsberufen ein Rechtsanspruch auf Verkürzung der Ausbildungszeit.

Arten und Merkmale der Ausbildungsberufe

Ausbildungsberufe sind berufliche Tätigkeiten, die im Rahmen eines Ausbildungsverhältnisses im dualen System erlernt werden können. Jugendliche dürfen in Deutschland nur in anerkannten Ausbildungsberufen ausgebildet werden. Die frühere Bezeichnung „Lehrling“ wurde 1971 im Berufsbildungsgesetz durch die Bezeichnung „Auszubildende(r)“ abgelöst.

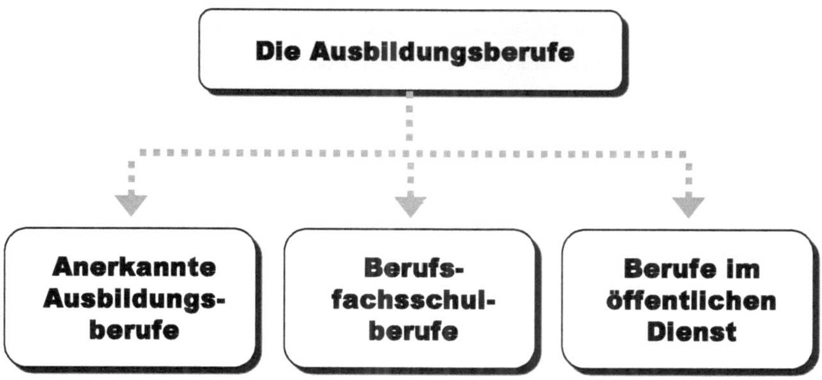

- Anerkannte Ausbildungsberufe

  Ein Ausbildungsberuf ist anerkannt, wenn für ihn durch Rechtsverordnung eine Ausbildungsordnung erlassen wurde. In den verschiedenen Ausbildungsordnungen sind die jeweils zu erwerbenden Befähigungen festgelegt. Gesetzliche Grundlagen für die Berufsausbildung sind das Berufsbildungsgesetz und die Handwerksordnung. Darüber hinaus sind einige Berufe, insbesondere die Gesundheitsfachberufe, in speziellen Gesetzen geregelt (beispielsweise Krankenpflegegesetz, Altenpflegegesetz, Notfallsanitätergesetz).

  Die Ausbildungsdauer in den anerkannten Ausbildungsberufen ist nicht einheitlich. Sie reicht von zwei bis zu dreieinhalb Jahren und ist in der jeweiligen Ausbildungsordnung festgelegt. Die Ausbildung kann unter bestimmten Voraussetzungen, zum Beispiel bei bestimmten Schulabschlüssen, guten Leistungen während der Ausbildung oder bei einer Umschulung für Erwachsene, verkürzt werden.

  Die anerkannten Ausbildungsberufe werden in einem Verzeichnis geführt, das vom Bundesinstitut für Berufsbildung herausgegeben wird *(www.bibb.de/de/65925.php)*.

- Berufsfachschulberufe

  Neben den anerkannten Ausbildungsberufen gibt es zahlreiche andere Berufe, die man im Rahmen einer schulischen Ausbildung erlernen kann. Durch Bundes- oder Landesrecht ist geregelt, inwiefern auch sie zu einer staatlichen Abschlussprüfung führen können.

- Ausbildungsberufe und Beamtenausbildungen im öffentlichen Dienst

  Zu den klassischen Ausbildungsberufen im öffentlichen Dienst zählen die Berufe im sozialen, pflegenden, betreuenden und unterrichtenden Bereich, aber auch Berufe mit Verwaltungsarbeiten und/oder technischen Aufgabenstellungen.

  Eine besondere Berufsausbildung in Deutschland ist die Beamtenlaufbahn. Beamte unterscheiden sich in ihrem rechtlichen Status von ebenfalls im öffentlichen Dienst beschäftigten Angestellten oder Arbeitern insofern, als sie in keinem Arbeitsverhältnis stehen, sondern in einem sogenannten „öffentlich-rechtlichen Dienstverhältnis" und hoheitsrechtliche Aufgaben wahrzunehmen haben.

Für die Beschäftigung als Beamter im öffentlichen Dienst gibt es vier sogenannte „Laufbahnen“, die sich je nach vorheriger Ausbildung unterscheiden. Sie gliedern sich in

- einfacher,
- mittlerer,
- gehobener
- höherer Dienst.

Die klassischen Aufgaben im einfachen Dienst sind angelernte Tätigkeiten, wie sie früher beispielsweise ein Amtsbote, ein Postbote, ein Schaffner oder Busfahrer übernahm. Auch Bewachungs-, Aufsichts- sowie Kontrollfunktionen fallen unter den einfachen Dienst. Heute bieten die Länder im einfachen Dienst normalerweise nur noch Stellen in den Justizbehörden. Einstellungsvoraussetzungen sind neben dem Hauptschulabschluss eine gewerbliche Ausbildung sowie persönliche Anforderungen. Bewerber müssen in einem Auswahlverfahren nachweisen, dass sie

- die deutsche Staatsangehörigkeit oder die eines anderen EU-Staats besitzen,
- nicht vorbestraft und
- gesundheitlich fit sind.

Zum mittleren Dienst gehören meist ähnliche Tätigkeitsgebiete wie des einfachen Dienstes, jedoch tendenziell mit höherwertigeren Aufgaben, die eine Mittlere Reife oder abgeschlossene Berufsausbildung voraussetzen.

Zweithöchste Laufbahn ist der gehobene Dienst, dessen Aufgaben den Sachbearbeitungsebenen bis hin zu bestimmten Leitungsfunktionen zuzurechnen sind. Zulassungsvoraussetzungen sind Abitur oder Fachabitur mit anschließendem Studium an einer Fachhochschule für öffentliche Verwaltung.

Die oberste Laufbahnstufe ist der höhere Dienst. Dazu zählen zum Beispiel Amtsleiter, Richter, Gymnasiallehrer oder Hochschulprofessoren. Hierfür erforderlich sind ein abgeschlossenes Hochschulstudium sowie eine zusätzliche fachgebundene Ausbildung im öffentlichen Dienst.

Um eine Beamtenlaufbahn einzuschlagen, ist zunächst ein spezieller zwei oder dreijähriger Vorbereitungsdienst zu absolvieren. Die Auszubildenden im mittleren und gehobenen Dienst werden während dieser Zeit als „Beamtenanwärter“ bezeichnet, im höheren

Dienst üblicherweise als „Referendare". An den Vorbereitungsdienst schließt sich eine Probezeit von etwa drei Jahren an. Nach bestandener Laufbahnprüfung wird man schließlich in das „Beamtenverhältnis auf Lebenszeit" berufen.

Bei Nachweis der Laufbahnbefähigung ist es möglich, in die nächsthöhere Beamtenlaufbahn aufzusteigen. Die Befähigung kann durch einen Vorbereitungsdienst oder anderweitige Qualifikationen erworben bzw. belegt werden.

6. Wahl eines geeigneten Hochschulstudiums

Die aktuelle Ausgabe des offiziellen Studienführers der Bundesagentur für Arbeit *(www.studienwahl.de/de/bestellen.htm)* listet mehr als 19 000 Studiengänge an über 400 deutschen Hochschulen auf. In einer übersichtlich gegliederten Aufstellung können angehende Studierende dort nachlesen, welche Hochschulen ihr jeweiliges Wunschfach anbieten.

Dabei gilt es, für die Wahl der richtigen Universität mehrere Kriterien zu beachten. Diese reichen von der örtlichen Lage, dem Ruf bzw. Ansehen der Hochschuleinrichtung bis hin zu Fragen der Zulassungsbedingungen und Studiengebühren.

Wahl des Hochschulorts

Örtliche Erreichbarkeit

Zunächst stellt sich die Frage, ob es am derzeitigen Wohnort eine Hochschule gibt, die den gewünschten Studiengang anbietet und ob diese als Ausbildungsort für einen persönlich in Frage kommen würde. Falls dem nicht so ist, muss man sich bewusst machen, dass ein Umzug in eine andere Stadt wohl unumgänglich ist. Mit diesem verbunden gäbe es einen Wechsel des sozialen Umfelds, gewisse finanzielle Ausgaben und eine höhere Eigenverantwortlichkeit.

Absolvieren eines Auslandsstudiums

Eine weitere Frage, die sich am Beginn oder im Lauf eines Studiums stellt, ist ob man für eine gewisse Zeit ins Ausland gehen sollte. Auf diese Weise kann man Erfahrungen sammeln, die sich gerade in den heutigen Zeiten zunehmender Globalisierung auf den beruflichen Erfolg in aller Regel positiv auswirken.

Doch stellen sich für die Planung und Organisation eines Auslandsstudiums zahlreiche Fragen. Hierbei sind vorrangig zu nennen:

- Wo kann ich mich bei Fragen zum Studium im Ausland beraten lassen?
- In welchen Ländern gibt es das von mir gewählte Studienfach?
- Mit welchen Ländern kooperiert meine Hochschule?
- Wo und wie kann ich mich für ein Auslandsstudium bewerben?
- Von wem und nach welchen Kriterien werden Austauschplätze vergeben?
- Werden meine erbrachten Studienleistungen in Deutschland angerechnet?
- Wann und wie lange käme ein Auslandsaufenthalt in Frage?
- Reichen meine Fremdsprachkenntnisse aus?
- Was ist für den Auslandsaufenthalt vorzubereiten?
- Kann ich auch ein Auslandspraktikum machen und was nützt es mir?
- Wie viel Geld werde ich für den Auslandsaufenthalt brauchen?
- Gibt es entsprechende Fördermöglichkeiten?
- Wie finde ich im Gastland am ehesten eine Unterkunft?

Im Internet finden Sie zu diesen und weiteren Fragen z. B. unter *www.studium-ratgeber.de/studium/auslandsstudium* ausführliche Informationen. Zudem gibt es in der Regel in jeder Hochschule, die an internationalen Programmen teilnimmt, zentrale Anlaufstellen. Diese koordinieren die Platzvergabe, den Ablauf und eine Anerkennung der erworbenen Qualifikationen. Außerdem werden Informationen in Form von Flyern und persönlichen Sprechstunden angeboten.

Wertmaßstäbe für Hochschulen und Studiengänge

Das Ansehen eines Studiengangs an einer bestimmten Hochschule wird hauptsächlich durch zwei Komponenten geprägt: Der Ruf der Hochschule als Ganzes und die Merkmale der für den Wunschstudiengang zuständigen Fakultät im Besonderen.

Bei der Bewertung der spezifischen Fakultät spielen die beschäftigten Lehrkräfrte und ihre wissenschaftlichen Leistungen, die Vielfalt des aktuellen Kursangebots, das Vorhandensein einer fach-spezifischen Bibliothek sowie einige andere Faktoren eine Rolle.

Bei der Betrachtung der Hochschule als Ganzes geht es um die Größe der Hochschule, die Anzahl der eingeschriebenen Studenten, eine gut funktionierende interne Organisation sowie die materielle Ausstattung und Raumsituation.

Umso besser die beschriebenen Qualitätsmerkmale erfüllt sind, desto eher kann ein Abschluss an genau dieser Einrichtung einen entscheidenden Vorteil bei einer Bewerbung gegenüber Mitbewerbern von anderen Hochschulen bieten.

> **Erst nach Abwägung aller Kriterien sollte man sich für oder gegen eine bestimmte Hochschule entscheiden.**

Studienfinanzierung und Zulassungsvoraussetzungen

Die Gebühren

In Deutschland sind die allgemeinen Studiengebühren für ein Erststudium an einer staatlichen Hochschule innerhalb des letzten Jahrzehnts abgeschafft worden. Derzeit gibt es lediglich noch einen Semesterbeitrag, der vorrangig zur Deckung der Verwaltungskosten für die Einschreibung, das für den Studenten ausgestellte Semesterticket und einen Beitrag zum Studierendenwerk verwendet wird.

An privaten Hochschulen können allerdings weiterhin Studiengebühren in Höhe von mehreren Hundert Euro pro Monat anfallen, die von der jeweiligen Einrichtung selbst festgelegt werden. Diese Kosten sind natürlich bei der Wahl der Hochschule zu berücksichtigen. Die vier bzw. fünf gängigsten Varianten der Finanzierung eines Studiums sind

- ein Stipendium,
- die Aufnahme eines Nebenjobs (als sogenannter Werkstudent),

- staatliche Unterstützung nach dem Bundesausbildungsförderungsgesetz (kurz „BAföG“ genannt),
- finanzielle Unterstützung durch die Eltern oder
- eine Kombination der vorgenannten Alternativen.

Das Stipendium

Ein Stipendium ist eine finanzielle Unterstützung für Studenten, die normalerweise nicht zurückgezahlt werden muss. Es sei denn, der Stipendiengeber bindet die Stipendiengewährung an die Verpflichtung, nach dem Studium für eine bestimmte Zeit bei ihm beschäftigt zu sein. Somit ist ein Stipendium die beste Geldquelle, die ein Studierender sich vorstellen kann. Zudem ist ein Stipendium ein Karrierebaustein, denn es macht sich außerordentlich gut im Lebenslauf, wenn man besonders gefördert wurde.

Die Leistungen der Stipendiengeber sind unterschiedlich und können sich aus verschiedenen Posten zusammensetzen: Monatliche Zahlungen sowie Büchergeld, ideelle Förderung in Form von Seminaren oder exklusivem Zugang zu Praktika, guten Kontakten in die Wirtschaft, finanzieller Unterstützung bei Auslandsaufenthalten und manches mehr.

Je nachdem, welchem Zweck die Förderung dienen soll, kann die fortlaufende Förderung auch an bestimmte Pflichten geknüpft sein. Eine mögliche Bedingung können das Führen eines Tagebuches oder regelmäßige Erfahrungsberichte über die erlernten Inhalte sein.

Mitunter herrscht die unzutreffende Vorstellung, dass eine finanzielle Studienförderung nur begabten Studenten vorbehalten sei. Tatsache ist aber, dass immer wieder Stipendien mangels Bewerber nicht vergeben werden können. Dennoch sind gute Noten für viele Anbieter wichtig. Doch neben Stipendien, die vorrangig leistungsstarke Studierende fördern, gibt es auch Programme, die insbesondere Studenten mit persönlichem Engagement für politische, soziale, kirchliche oder andere spezielle Ziele berücksichtigen.

Stipendien an Studenten werden überwiegend vergeben von

- Begabtenförderungswerken,
- Stiftungen,
- Unternehmen,
- Hochschulen.

Informationen zu Stipendien sowie Stipendiengebern finden Sie auf der interaktiven Internetplattform des Bundesministeriums für Bildung und Forschung *(www.stipendienlotse.de)*.

Nebenjobs

Die Aufnahme eines Nebenjobs als Werkstudent kann neben den finanziellen Aspekten einen weiteren entscheidenden Vorteil haben. Handelt es sich um eine themenbezogene Tätigkeit,

- kann man das gelernte Wissen für das Studium oder den späteren Beruf nutzen,
- erlernt man zusätzlich praktische Kompetenzen, die während des Theorieunterrichts nur bedingt bis gar nicht vermittelt werden können und
- verschafft sich ein wichtiges Kompetenzmerkmal für seinen schriftlichen Lebenslauf.

Hat man bereits während des Studiums einen berufsspezifischen Nebenjob ausgeübt, hebt man sich nach dem Abschluss des Studiums in Bewerbungsgesprächen von anderen Kommilitonen ab.

Nicht zu vernachlässigen ist allerdings auch die Tatsache, dass je nach vereinbarter wöchentlicher Arbeitszeit eine erhebliche zeitliche Belastung hinzukommen kann. Derzeit liegt daher die maximal zulässige Arbeitszeit für einen Werkstudenten während der Vorlesungszeit bei 20 Stunden pro Woche. Hinzu kommen noch Anfahrts- und Pausenzeiten. Obwohl der Arbeitgeber selbst ein Auge auf diese Kennzahlen haben sollte, bietet sich auch eine eigenständige Protokollierung der Arbeitszeiten an. Eine Überschreitung der gesetzlichen Vorgaben kann im schlimmsten Fall zur Exmatrikulation führen!

Eine zusätzliche berufliche Tätigkeit kann bei der kontinuierlichen Nacharbeitung des Vorlesungsstoffs zu zeitlichen Engpässen führen. Insbesondere wenn es in die Klausurenphase geht, ist daher auch eine vorausschauende Planung des Urlaubs innerhalb des Nebenjobs unerlässlich.

Das BAföG funktioniert in gewisser Weise ähnlich wie ein Stipendium, ist aber deutlich mehr Leuten zugänglich. Hierbei kommt es allerdings nicht darauf an, ob in der Vergangenheit besondere Leistungen erbracht oder soziales Engagement gezeigt wurde. BAföG wird gewährt, um jungen Menschen unabhängig von ihrer wirtschaftlichen Situation ein Studium zu ermöglichen. Daher entscheiden vor allem die finanzielle Leistungsfähigkeit der Eltern und das derzeit vorhandene Vermögen darüber ob ein Anspruch auf BAföG-Zahlung besteht.

Vor der Stellung eines Antrages auf Zahlung bietet es sich an, einen sogenannten „BAföG-Rechner" im Internet zu konsultieren. Damit kann innerhalb von wenigen Minuten anhand der eingegeben Daten ermittelt werden, welcher monatliche Anspruch bestehen würde.

Nähere Informationen zu den Themen BAföG und Stipendium finden Sie auf den Seiten *www.bafög.de* und *www.stipendienlotse.de* des Bundesministeriums für Bildung und Forschung.

Zulassungsbeschränkungen

Während einige grundlegende Studiengänge wie Deutsch, Mathematik oder Chemie in der Regel nur das Vorliegen einer Hochschulzugangsberechtigung erfordern, gibt es bei den meisten anderen weitergehende Zulassungsbeschränkungen, die bei der Studienwahl zu beachten sind. Am relevantesten ist hier der sogenannte Numerus Clausus (NC). Dieser beschreibt die niedrigste im letzten Durchlauf für den Studiengang zugelassene Durchschnittsnote der Hochschulzugangsberechtigung.

An diesem Wert kann man also erkennen, welchen Notendurch-schnitt man voraussichtlich braucht, um ohne Umwege für den gewünschten Studiengang zugelassen zu werden. Hierbei ist zu beachten, dass der NC sich von Jahr zu Jahr natürlich verändern kann, da er stark von der

Anzahl der Bewerber und angebotenen Plätze sowie der Qualität der Bewerber abhängt.

Für denselben Studiengang gibt es an verschiedenen Hochschulen in der Regel unterschiedlich hohe NCs, anhand derer sich die Beliebtheit ableiten lässt. Die NCs und Anzahlen der angebotenen Plätze sowie der Bewerber des jeweiligen Studiengangs lässt sich meistens auf den Homepages der Hochschulen rückblickend für vergangene Semester einsehen. So kann man in einigen Fällen Prognosen für den nächsten Bewerbungszeitraum treffen.

Das nächste wesentliche Kriterium für die Zulassung ist die Anzahl der bereits aufgelaufenen Wartesemester. Als Wartesemester wird jedes Semester (halbes Studienjahr) gewertet, das nach dem Erhalt der Hochschulzugangsberechtigung vergangen ist, in dem der Bewerber nicht an einer Hochschule eingeschrieben war.

Ein gewisser Prozentsatz der Studienplätze wird unabhängig vom NC an die Bewerber mit der höchsten Anzahl an Wartesemestern vergeben. Somit hat man auch mit einem zunächst „unzureichenden" Notendurchschnitt die Chance auf einen Platz. Unter Umständen kann man in der Zwischenzeit vielleicht noch praxisbezogene Erfahrungen sammeln, die einen Vorteil für das Studium bringen können.

Neben diesen beiden Hauptkriterien gibt es teilweise noch weitere Methoden die Studienplätze zu verteilen. Hier können abgeleistete Praktika, eine bereits abgeschlossene Berufsausbildung oder die Eigenschaft als Minderjähriger wichtig sein.

Mehrere parallele Bewerbungen

Hat man erst einmal die nötigen Dokumente beisammen, ist die Bewerbung an den meisten Hochschulen nicht sonderlich aufwendig. Mit Ausnahme medizinischer Studiengänge, wird die Bewerbung für unabhängig von der jeweiligen Hochschule zentral über das Portal von *www.hochschulstart.de* abgewickelt. Hierdurch müssen die Unterlagen nur einmal hochgeladen werden, da sie von dort an die jeweilige Stelle übermittelt werden. Daher ist es ratsam, sich bei mehreren Universitäten oder für mehrere Studiengänge gleichzeitig zu bewerben. Auf dem oben genannten Portal sind zum Beispiel grundsätzlich bis zu 12 Bewerbungen gleichzeitig möglich. Sollte man auf einige der Bewerbungen eine negative Rückmeldung erhalten, kann man dann immer noch zwischen den verbliebenen Angeboten wählen.

Weiterhin zu beachten ist die zu erfolgende Priorisierung. *hochschulstart* wird den Nutzer dazu auffordern die abgegebenen Bewerbungen relativ zueinander zu priorisieren. Erhält man später für mehrere Bewerbungen Zusagen, wird eine höherrangige eine niedrigere „ausstechen". Es erfolgt also automatisiert eine unwiderrufliche (!) Absage für die weniger priorisierte Stelle.

Der Bewerber muss sich also bereits während der Bewerbungsphase darüber einig sein, welches Angebot der Favorit ist. Eine nachträgliche Änderung der Priorisierung ist zeitlich nur begrenzt möglich, sie sollte also von Anfang an möglichst genau sein.

Die Bewerbung für einen nicht-zulassungsbeschränkten Studiengang führt übrigens bei einer höheren Priorisierung am Ende der Bewerbungsphase sofort zum Ausscheiden niedrigerer Bewerbungen für zulassungsbeschränkte Studiengänge. Sehen Sie also zwei Bewerbungen als gleichwertig an, sollten Sie den zulassungsbeschränkten Platz höher priorisieren.

7. Unterschiedliche Wege in die Berufspraxis

Ein Abschluss ist immer auch ein Anfang: Hat man seine Berufsausbildung erfolgreich beendet, gilt es eine weitere lebensbestimmende Entscheidung zu treffen – nämlich sich zu entscheiden, welche berufliche Tätigkeit man künftig tatsächlich und auf Dauer ausüben will. Es gibt jedoch auch die Möglichkeit, sich eine gewisse Bedenkzeit zu gönnen, dabei aber dennoch die Zeit nicht nutzlos verstreichen zu lassen, sondern etwas Sinnvolles für die berufliche Zukunft zu unternehmen.

Freiwilligendienste oder Praktikum als Vorstufe

Den ersten Kontakt mit einem Tätigkeitsfeld oder einem bestimmten Unternehmen sind immer häufiger kurzfristige Beschäftigungen im Rahmen eines Freiwilligendienstes nach dem „Jugendfreiwilligendienstgesetz (JFDG)“ oder eines Praktikums. Beide Modelle können etliche Vorteile für die teilnehmenden Parteien mit sich bringen.

Staatlich geförderter Freiwilligendienst

Nach dem JFDG gibt es die Möglichkeit mit staatlicher Unterstützung für einen Zeitraum von 6 bis 24, typischerweise aber 12 Monaten in anerkannten Trägerunternehmen besonderes soziales Engagement zu zeigen. Dies umfasst die Ableistung eines „Freiwilligen Sozialen Jahres (FSJ)“ oder eines „Freiwilligen Ökologischen Jahres (FÖJ)“. Inhaltlich soll es darum gehen, praktische Erfahrungen zu sammeln, soziales Verantwortungsbewusstsein aufzubauen sowie interkulturelle Kompetenzen auszubilden. Die Unterscheidung der Programme erfolgt dann nach dem Tätigkeitsbereich, dem das ausgewählte Trägerunternehmen zuzuordnen ist.

Die Ableistung eines FSJ oder FÖJ kann sich gerade dann lohnen, wenn ein Interesse für eine Beschäftigung in den Bereichen Natur und Umwelt, Kinder- und Jugendhilfe, Gesundheitspflege, Sportförderung oder Kultur- und Denkmalschutz besteht. Es lässt sich dabei ein umfassender Einblick in den Arbeitsalltag in sozialen Einrichtungen gewinnen, während Verpflegung und Unterkunft bereitgestellt werden. Die jeweiligen Trägerunternehmen profitieren durch den Einsatz von subventionierten Helfern und von der Möglichkeit, das Interesse junger Bewerber für Ihre Einrichtungen zu wecken.

Weitere Informationen zum Freiwilligendienst und konkrete Angebote finden sich unter anderem auf der Homepage des Vereins für soziales Leben e. V. *(www.bundes-freiwilligendienst.de)*.

Vorgelagertes Praktikum

Die Ableistung eines Praktikums ist dagegen in aller Regel „privat" organisiert mit einem frei wählbaren Unternehmen. Die Intention dabei ist, einem potentiellen Bewerber die internen Strukturen, Abläufe und Tätigkeitsfelder aufzuzeigen. Praktika werden im Rahmen der Berufswahl in der Regel für einen oder mehrere Monate geleistet.

Dem Praktikanten werden nach einer Einarbeitung eventuell auch schon kleinere eigene Tätigkeiten übertragen. Der Praktikant kann auf diese Weise die Attraktivität eines Arbeitgebers durch eigene längerfristige und vielfältige Erfahrungen deutlich besser einschätzen als aufgrund von Erzählungen anderer oder durch Presseberichte. Außerdem hat er die Chance, der Gegenseite dabei seine persönlichen Stärken und Fähigkeiten zu präsentieren, wozu er in einem Vorstellungsgespräch nur bedingt die Chance hätte.

Das Praktikum ist daher vom Konzept her mit der Probezeit am Anfang einer Beschäftigung zu vergleichen, ist allerdings deutlich unverbindlicher.

Gerade aber diese Unverbindlichkeit kann dazu führen, dass Unternehmen eher gewillt sind, einem Bewerber die Chance zu geben, sich im Arbeitsalltag zu beweisen. Sollten beide Seiten zufrieden sein, kann ein anschließender Arbeitsvertrag aufgesetzt werden.

Vorsicht ist jedoch geboten, wenn Unternehmen das Angebot eines Praktikums als Möglichkeit missbrauchen, bestimmte Tätigkeiten von unterbezahlten Arbeitskräften ausführen zu lassen. Von daher ist die Recherche in einschlägigen Erfahrungsberichten zum jeweiligen Arbeitgeber anzuraten.

Praktikum im Ausland

Im Rahmen der voranschreitenden Zusammenarbeit der europäischen Staaten in der Ausbildung junger Fachkräfte ergeben sich auch immer mehr Möglichkeiten ein Praktikum in einem ausländischen Unternehmen zu erhalten bzw. vermittelt zu bekommen. Zu den bereits genannten Vorteilen tritt noch eine interkulturelle Komponente hinzu: Handelt es sich beispielsweise um den ersten längeren Aufenthalt in einem anderen Land, können die gemachten Erfahrungen nicht nur beruflich, sondern auch auf privater Ebene bereichernd sein. Nähere Informationen zu bestehenden Austauschprogrammen finden sich zum Beispiel auf der Seite des Deutschen Akademischen Austauschdienstes *(www.daad.de)*.

Aktueller Trend bei der Arbeitsplatzwahl

Im Rahmen der alljährlich stattfindenden Studie „Randstad Employer Brand Research" werden deutsche Arbeitnehmer und Arbeitsuchende im Alter zwischen 18 und 65 online befragt, wo sie gerne arbeiten und warum. Gemäß dem Bericht von 2018 ergab die letzte Befragung von 4 300 Personen folgende Ergebnisse:

- Jobsicherheit 62 %
- Attraktives Gehalt/Sozialleistungen 63 %
- Angenehme Arbeitsatmosphäre 56 %
- Flexible Arbeitsmodelle 45 %
- Finanzielle Stabilität des Unternehmens 40 %
- Work-Life-Balance 36 %
- Interessante Arbeitsinhalte 33 %
- Möglichkeiten zur Karriereentwicklung 32 %

Quelle:
www.randstad.de/ueber-randstad/news/20180606/employer-branding-studie-zum-thema-arbeitgebermarke)

Diese Zahlen zeigen den aktuellen allgemeinen Trend, der sich aufgrund gesellschaftlicher oder wirtschaftlicher Entwicklungen aber jederzeit ändern kann. Außerdem kann die Einstufung eines jeden Einzelnen je nach persönlichen Wertvorstellungen und Bedürfnissen natürlich sehr unterschiedlich ausfallen.

Letztlich sollte jeder für sich selbst die richtigen Prioritäten bei der Arbeitgeberwahl setzen und sich dabei nicht von Modetrends oder fragwürdigen Ratschlägen beeinflussen lassen.

Unternehmensmerkmale als Entscheidungskriterien

Neben den zuvor genannten Kriterien sollte man bei der Wahl des künftigen Arbeitsgebers aber auch dessen nachstehend erläuterte unternehmenstypische Merkmale in Rechnung stellen.

Die Unternehmensgröße

Man sollte es sich gut überlegen, ob man lieber in einer großen, mittelgroßen oder kleinen Firma arbeiten will. Auf Berufseinsteiger wirkt es im Allgemeinen verlockend, bei einem großen Konzern tätig zu sein. Bei Befragungen von langjährig Berufstätigen ergibt sich allerdings ein anderes Bild: 75 Prozent der Mitarbeiter von kleinen bis mittleren – meist Familienbetrieben – sind mit ihrer Arbeitssituation zufrieden bis sehr zufrieden. Bei größeren Konzernen sind es dagegen nur 65 Prozent mit fallender Tendenz.

Einer der Gründe hierfür ist die größere Kontinuität von Familienunternehmen. Sie bestehen oft schon seit mehreren Generationen und ihre Eigentümer sind darauf bedacht, ihr Unternehmen auch an die nächste Generation weiterzugeben und planen demzufolge langfristig sowie zukunftsorientiert. Damit verbunden ist zwangsläufig auch ein größeres Engagement für den Erhalt der Arbeitsplätze und die Bindung der Mitarbeiter an das Unternehmen.

Außerdem herrscht in Familienbetrieben meist eine traditionelle, werteorientierte Unternehmenskultur. Der bzw. die Firmeneigner verlangen zwar von ihren Mitarbeitern eine hohe und jederzeitige Leistungsbereitschaft, fühlen sich aber auch für deren Wohlergehen persönlich verantwortlich – wie strenge, aber dennoch gütige Eltern gegenüber ihren Kindern. Daher herrscht in Familienbetrieben meist ein partnerschaftliches und motivierendes Arbeitsklima. Auch sind kleine Unternehmen vergleichsweise weniger anfällig gegen allgemeinwirtschaftliche Krisen.

Insbesondere die Vorstände großer Aktiengesellschaften denken hingegen häufig in relativ kurzen Intervallen – manche nur von einer Aktionärsversammlung bis zur nächsten! Demzufolge werden mitunter spontane und nicht immer sonderlich zukunftsorientierte Organisationsänderungen veranlasst. Naturgemäß meist mit dem Ziel der Gewinnsteigerung und damit verbundenem Personalabbau.

Wegen der Organisationsgrößen ist auch die Unternehmenskultur in erster Linie betriebswirtschaftlich ausgerichtet und weniger personenbezogen. Demzufolge werden die zwischenmenschlichen Kontakte oft vernachlässigt und fühlen sich die Mitarbeiter oft nur als kleine Rädchen in einem anonymen System.

Andererseits bieten Großunternehmen den Mitarbeitern oftmals vielfältigere Möglichkeiten sich intern umzuorientieren und weiterzuentwickeln. Beispielsweise haben viele von ihnen eine eigenständige interne Weiterbildungsabteilung. Auch haben große Organisationen verbindliche, allgemeingültige interne Regelungen, die unter anderem eine bessere Wahrung der Arbeitnehmerrechte und den Schutz vor Vorgesetztenwillkür gewährleisten.

Das Firmenimage

Es ist verständlich, dass man lieber sagen kann man arbeite beim Daimler, als bei der Firma Ludwig Müller. Man will verständlicherweise einem Unternehmen angehören, das in der Öffentlichkeit ein positives Ansehen genießt. Und natürlich spielt es für das persönliche Wohlbefinden eine Rolle, ob man als Servicehandwerker im schicken lindgrünen Overall mit großem Firmennamen auf dem Rücken einen Kunden aufsucht oder im verwaschenen namenlosen Blaumann.

Zwar handelt es sich nur um vordergründige Statussymbole, aber ist niemand ganz davon frei, ein möglichst hohes Ansehen anzustreben und Wertschätzung erfahren zu wollen. Das Bedürfnis des Menschen nach Anerkennung ist eines der am stärksten motivierenden und am nachhaltigsten wirksame.

Die Unternehmensentwicklung

Im Hinblick auf die zukünftige Entwicklung des Arbeitgebers lohnt sich ein Blick auf die Historie und die Visionen des Unternehmens. Umso länger ein Betrieb bereits besteht, umso geringer sind in der Regel die Bestrebungen ohne Not zu expandieren oder die Produktpalette grundlegend zu verändern. Ist also eine größere Beständigkeit der Arbeitsverhältnisse zu erwarten.

Andererseits bieten erst kürzlich entstandene Unternehmen die Möglichkeit, an neuen (manchmal sogar einzigartigen) Entwicklungen persönlich mitzuwirken. Aufgrund der meist spärlichen Ausstattung mit finanziellen Mitteln sind allerdings die Anforderungen an die Mitarbeiter hinsichtlich ihrer Genügsamkeit und ihres Engagements oft sehr hoch. Bei der Suche nach Problemlösungen kommt es mitunter zu ständigen Improvisationen und kann sich dadurch auch ein Gefühl der Unzulänglichkeit einstellen.

Demgegenüber stehen die Chancen des Wissenszuwachses, der Entwicklung des Selbst- und Verantwortungsbewusstseins, Erwerbs von Stressresistenz sowie des problemorientierten Denkens und Prioritätensetzens. Außerdem erfüllt es mit Zufriedenheit und Stolz, mitunter besonders schwierige oder sogar ausweglos erscheinende Situationen erfolgreich gemeistert zu haben.

Bedingt durch die fortschreitende Digitalisierung und Vernetzung aller Lebensbereiche kommt es immer häufiger zu sogenannten Start-up-Unternehmen. Es sind junge, noch nicht etablierte Unter-nehmen, die zur Verwirklichung einer innovativen Geschäftsidee gegründet wurden. Bei positiven Ergebnissen und Zukunftschancen kann es durch Finanzierungen von externen Geldgebern zu rasanten Expansionen kommen, durch die der Betrieb zwangsläufig auch personell stark anwächst und sich den Mitarbeitern gute Aufstiegsmöglichkeiten bieten.

Die Entscheidung für eine Arbeitsstelle in einem Start-up geht im Vergleich zu etablierten größeren Unternehmen typischerweise zunächst mit Einbußen an Gehalt, Jobsicherheit und Work-Life-Balance einher. Andererseits wird meist für eine dennoch hohe Zufriedenheit der Mitarbeiter gesorgt, indem beispielsweise kostenlose Getränke und Mittagessen angeboten werden, entspannende Pausenaktivitäten mit Tischtennis oder Fitnesstraining ermöglicht sind oder vom Arbeitgeber gemeinsame Events organisiert und finanziert werden.

Es ist reiflich zu überlegen, was einem wichtiger ist und auf Dauer zufriedener machen kann: Ein hohes Einkommen oder ein zukunftsorientierter Arbeitgeber mit anspruchsvollen Arbeitsaufgaben und einer motivierenden Unternehmenskultur.

Nützliche Entscheidungshilfen

Um als Nachwuchskraft die beste Entscheidung bei der Wahl des ersten Arbeitgebers zu treffen, sollte man sich möglichst gut über die sich bietenden Arbeitsstellen informieren. Als Informationsquellen kommen hierbei in Frage:

- Selbstdarstellungen der Unternehmen auf ihren Webseiten
- Erfahrungsberichte in Arbeitgeber-Bewertungsportalen
- Direkte Kontaktaufnahme mit den in Frage kommenden Firmen
- Kontakte zu gegenwärtigen oder ehemaligen Firmenmitarbeitern
- Erfahrungsaustausch mit Freunden und Bekannten
- Jobbörsen im Internet
- Stellenangebote in Tageszeitungen

Im Kapitel 12 sind einige zweckdienliche Informationsmöglichkeiten aufgelistet.

Haben Sie auf diese Weise eine gewisse Vorauswahl getroffen, können sich aber wegen der Vielfalt der Angebote bzw. Unternehmensmerkmale nicht entscheiden, kann Ihnen auch hierbei eine der Entscheidungstechniken helfen, die für die Berufswahl empfohlenen wurden (siehe Kapitel 4).

8. Möglichkeiten und Methoden der Stellenbewerbung

Arten der schriftlichen Bewerbung

Man kann sich für eine Stelle sowohl mündlich als auch schriftlich bewerben, wobei die mündliche Form eher selten gewählt wird.

Man unterscheidet folgende Arten von schriftlichen Stellenbewerbungen:

- Klassische Bewerbung
- Initiativbewerbung (auch Spontanbewerbung genannt)
- Blindbewerbung (auch Massenbewerbung genannt)
- Kurzbewerbung
- Onlinebewerbung

Die klassische Bewerbung

Eine klassische Bewerbung beruht auf einer bestimmten Stellenanzeige. Demzufolge ist es wichtig, sich strikt auf die Anzeigeninhalte zu beziehen und als Bewerber wichtige Angaben dazu zu machen. Vorzüge dieser besonders häufigen Bewerbungsart sind, dass man einerseits als Bewerber relativ gut beurteilen kann, ob die angebotene Stelle für einen tatsächlich in Frage kommen könnte oder die Bewerbung nicht von vornherein erfolglos wäre. Andererseits kann es der Arbeitgeber aufgrund der zielgerichteten Angaben gut einschätzen, inwieweit gerade dieser Bewerber für die Stelle der Geeignetste sein könnte.

Die Initiativbewerbung

Um eine Initiativbewerbung handelt es sich, wenn sie zwar an einen bestimmten Arbeitgeber gerichtet ist, dieser aber keine Stellenanzeige aufgegeben hatte, auf die man sich beziehen kann. Demzufolge bewirbt man sich eigeninitiativ – also von sich aus, ohne konkrete Anforderung. Das Ziel ist somit, einen der Jobs vom sogenannten verdeckten Stellenmarkt zu erlangen. Tatsächlich werden rund 70 Prozent aller Stellen auf diese Weise vergeben. Um an diese Jobs zu kommen, gibt es nur zwei Möglichkeiten: Persönliche Beziehungen oder eben eine Initiativbewerbung.

Die Blind- bzw. Kurzbewerbung

Für eine Blindbewerbung treffen die gleichen Kriterien zu, jedoch besteht bei einer Blindbewerbung der Unterschied darin, dass hier massenhaft gleichartige Bewerbungen an möglichst viele Unternehmen einer Branche verschickt werden. Es wird dann nur der Adressat in den jeweiligen Bewerbungsanschreiben geändert. Des Aufwands wegen kann man sich bei einer Blindbewerbung auch auf eine Kurzbewerbung beschränken. Die Kurzbewerbung besteht aus einem Bewerbungsanschreiben und tabellarischem Lebenslauf – u. U. auch mit einem Porträtfoto. (Es kann als digitales Foto in den Lebenslauf eingefügt werden.) Im Anschreiben sollte man anmerken, dass auf Anfrage weitere Unterlagen zugesendet werden.

Zum Beispiel:
„Wenn meine Bewerbung Ihr Interesse geweckt hat, sende ich Ihnen gerne meine vollständigen und aussagekräftigeren Bewerbungsunterlagen."

Die Onlinebewerbung

Die am wenigsten aufwendige Bewerbung ist die Onlinebewerbung. Manche Arbeitgeber wünschen heutzutage von sich aus diese Art, da auch für sie die interne Bearbeitung weniger aufwendig ist. Dabei gibt es die Bewerbung per E-Mail sowie die mit einem Onlineformular, das vom jeweiligen Arbeitgeber vorgehalten wird und dann auch genutzt werden sollte. Wird die Bewerbung als Text-E-Mail verfasst, sollten die Bewerbungsunterlagen als PDF-Dateien beifügt werden oder als eine PDF-Bewerbungsmappe (keine HTML-Formate!). Beim Versenden einer E-Mail-Bewerbung ist auf eine voll-ständige Signatur mit Kontaktdaten zu achten (Postanschrift, E-Mail-Adresse, Telefon- und Mobilfunknummer).

Bewerbungsanschreiben und Bewerbungsunterlagen

Das Bewerbungsanschreiben

Es ist der wichtigste Teil der Bewerbung und muss aus dem Betreff eindeutig zu erkennen sein, um welche Stelle es sich handelt. Es richtet sich direkt an den Empfänger und soll ihm einen ersten Eindruck von Ihnen vermitteln sowie neugierig machen. Daher sollten Sie zum Ausdruck bringen, was Sie bewogen hat, sich gerade um diese Stelle zu bewerben und inwiefern Sie sich dafür besonders qualifiziert fühlen. Sie sollten sich dabei möglichst kurz fassen und auf die wichtigsten Punkte beschränken. Das Schreiben sollte maximal eine A4-Seite umfassen, denn längere Texte schrecken mitunter ab und werden dann nur oberflächlich oder gar nicht gelesen.

Bei der Textgestaltung sollten Sie sich an der DIN 5008 „Regeln für Maschinenschreiben" orientieren (*www.din-5008-richtlinien.de*).

Neuerdings kann es dazu kommen, dass Unternehmen gezielt auf Anschreiben verzichten wollen. Das ist vor allem bei der zuvor beschriebenen Onlinebewerbung der Fall. Erfolgt sie als E-Mail, übernimmt diese die Funktion des Anschreibens in einer abgespeckten Variante und sollte dann auch kein zusätzliches formelles Anschreiben angefügt werden.

Wenngleich ein Bewerbungsschreiben eine möglichst positive Selbstdarstellung sein muss, sollten Sie dabei nicht überziehen.

Verzichten Sie auf angeberisch wirkende Formulierungen und Superlative. Also nicht: „Ich verfüge über ausgezeichnete und umfassende Englischkenntnisse", sondern besser: „Ich habe gute Englischkenntnisse in Wort und Schrift".

Im Folgenden ist ein Musterbespiel für ein Bewerbungsanschreiben dargestellt.

Lukas Neuling *Berlin, 11. November 2019*
Goethestraße 21
10623 Berlin
Tel. 030 47110815
E-Mail: l.neuling@web.de

Lehmann GmbH & Co. KG
Personalabteilung, Frau Krause
Schillerstraße 42
10625 Berlin

Bewerbung als Betriebshandwerker

Sehr geehrte Frau Krause,

im Internet suchen Sie einen fachkundigen Handwerker für Ihr FacilityManagement. Da ich gerade meine Lehre als Mechatroniker erfolgreich abgeschlossen habe und mir Ihre Firma als renommiertes Unternehmen bekannt ist, bewerbe ich mich um diese Stelle.

Ich war während meiner Berufsausbildung bei einer Firma für Lüftungs- und Klimaanlagen tätig und habe dabei auch Baustellen- und Instandhaltungserfahrungen gesammelt. Gerne würde ich meine Fähigkeiten in einer gleichartigen Berufspraxis einsetzen und erweitern.

Für eine Einladung zu einem persönlichen Vorstellungsgespräch wäre ich Ihnen dankbar.

Mit freundlichen Grüßen

Lukas Neuling

Anlagen:
Lebenslauf
Schulzeugnis
Lehrzeugnis
Weiterbildungszertifikat

Die Bewerbungsunterlagen

Dem Bewerbungsschreiben beizufügen sind:

- Lebenslauf
- Porträtfoto
- Letztes Schulzeugnis
- Zeugnis der Berufsausbildung (Lehrzeugnis des Ausbildungsbetriebs oder Facharbeiter- bzw. Gesellenbrief)
- Ggf. Praktikumszeugnis
- Arbeitszeugnis bzw. Tätigkeitsbescheinigung des letzten Arbeitgebers, wenn bereits vorhanden
- Sofern verlangt oder für die Berufsart üblich weitere Qualifikationsnachweise (z. B. Führerschein bei einem Kfz-Beruf)

Das Schulzeugnis ist normalerweise nur bei der Bewerbung um die erste Arbeitsstelle erforderlich und sollte nicht älter als 10 Jahre sein. Manche Firmen legen allerdings wegen der geringen Aussagefähigkeit ohnehin keinen Wert mehr auf Schulzeugnisse.

Bezüglich der Notwendigkeit eines Portraitfotos gab es Ende der 2000er Jahre aufgrund der Regelungen des relativ neuen „Allgemeinen Gleichbehandlungsgesetzes" Verunsicherungen. Es soll Diskriminierungen zum Beispiel aufgrund des Aussehens, Geschlechts, ethnischer Herkunft, Behinderung oder Alters verhindern. Manche Unternehmen waren daraufhin zunächst sehr bestrebt, möglichen Klagen von abgelehnten Bewerbern wegen angeblicher Diskriminierung vorzubeugen, die mit der Erkennbarkeit der oben genannten Merkmale auf ihrem Portraitfoto hätten begründet werden könnten.

In der Praxis hat sich diesbezüglich inzwischen ein Kompromiss eingebürgert: Portraitfotos werden nur noch in Ausnahmefällen kategorisch verlangt, sind aber auf der Basis der Freiwilligkeit im Allgemeinen dennoch erwünscht, da sie die Bewerbungsbeurteilung ergänzen könnten. Daher ist Bewerbern zu empfehlen, auch weiterhin auf ein Portraitfoto nicht zu verzichten.

Verschicken Sie nur Kopien Ihrer Bewerbungsunterlagen, da nicht sichergestellt ist, dass Ihnen die Dokumente später zurückgeschickt werden.

Alle Kopien sollten das Format A4 haben und einseitig kopiert sein. Die Unterlagen sind zu einer Bewerbungsmappe zusammenzufassen. Dabei gibt es verschiedene Qualitätsstufen – vom einfachen Klemmhefter aus Kunststoff bis zur hochwertigen dreiteiligen Bewerbungsmappe aus Karton. Im Allgemeinen gilt: Je anspruchsvoller die Stelle, desto hochwertiger die Bewerbungsmappe. Bei Blindbewerbungen bietet es sich an, der Kosten wegen eine weniger aufwendige Ausführung zu wählen.

Der schriftliche Lebenslauf

Der Lebenslauf ist eine besonders wichtige Bewerbungsunterlage, da sie dem Unternehmen entscheidende Informationen liefert.

Daher sollten Sie darauf besondere Sorgfalt verwenden und dabei die nachstehend erläuterten Stolpersteine beachten.

Allgemein üblich ist der chronologische Lebenslauf in tabellarischer Form. Er beginnt mit der frühesten berufsrelevanten Bildungsphase – in der Regel der letzte Schulbesuch – und enthält danach in zeitlicher Abfolge alle weiteren biographischen Etappen. Eine andere Variante ist die umgekehrte Chronologie – also mit der jüngsten Lebensphase zu beginnen. In der Bewerbungsmappe sollte der Lebenslauf stets das erste Dokument sein. Dabei kann das Bewerberfoto auch als digitales Element in den Lebenslauf eingefügt wer-den.

Sofern es in Ihrem Lebenslauf zeitliche Lücken gibt, für die sie keine schriftlichen Belege beibringen können (oder wollen), sollten Sie diese Zeiträume überzeugend begründen.

Also beispielsweise mit: „*Frankreichaufenthalt zur Vervollkommnung meiner Sprachkenntnisse*“. Nicht aber: „*Aufenthalt in einem indischen*

Ashram zwecks Selbstfindung". Derartige Angaben wirken im Allgemeinen nicht sonderlich hilfreich oder werden sogar negativ bewertet.

Bleiben Zeiträume Ihres Lebenslaufs unkommentiert, können sie als Zeichen mangelnder Strebsamkeit bzw. Leistungsbereitschaft gewertet werden oder sie geben sogar Anlass zu schädlichen Vermutungen (schlimmstenfalls eine verheimlichte Haftstrafe!). Machen Sie jedoch keine nachweislich unwahren Angaben: Sie müssen damit rechnen, dass Sie im Vorstellungsgespräch hierzu nachdrücklich befragt werden.

Hatten Sie bereits eine oder mehrere Ausbildungsmaßnahmen vorzeitig abgebrochen, sollten Sie auch das begründen. Doch nicht etwa mit: *„Ausbildungsabbruch wegen Insolvenz der Firma"*, wenn dies nicht den Tatsachen entspricht! Im Zweifelsfall erkundigen sich Personalleiter manchmal telefonisch beim betreffenden Arbeitgeber. Werden Sie dann bei einer glatten Lüge ertappt, haben Sie schon verloren. Überlegen Sie sich stattdessen eine zwar plausible, aber unverfängliche Begründung.

Hierzu einige Beispiele:

„Abbruch der Bäckerlehre weil ich erkennen musste, dass ich den körperlichen Belastungen auf Dauer nicht gewachsen wäre."

„Wegen einer diagnostizierten Stauballergie war ich in dem Beruf leider nicht uneingeschränkt einsetzbar."

„Bereits im ersten Ausbildungsjahr wurde mir klar, dass ich eine falsche Vorstellung von dem Beruf hatte."

Bleiben Sie also möglichst nahe an der Wahrheit. Dennoch sollte sich ein von Ihnen geschildertes Handicap natürlich nicht auf die angestrebte neue Tätigkeit negativ auswirken können.

Beispiel eines chronologischen Lebenslaufs

Die früher oft verlangte Form des handschriftlichen Lebenslaufs ist nicht mehr zeitgemäß. Die Unterschrift sollte jedoch stets handschriftlich sein.

Lebenslauf

Foto

Lukas Neuling
geboren am 25.08.1973

Eltern:
Martin Neuling, Bankangestellter
Helga Neuling, Krankenschwester

2008 - 2013	*Hugo-Gaudig-Oberschule, Berlin*
2013	*Schülerpraktikum bei Metallbaufirma Otto Ladewig, Berlin*
2014	*Auslandsaufenthalt bei Freunden in Frankreich*
2015 - 2018	*Mechatroniker-Lehre bei der Firma Lüftung+Klima GmbH*

Zusatzqualifikationen:
Führerschein der Klasse B
Französischkurs bei Albert-Einstein-Volkshochschule, Berlin
Erste-Hilfe-Kurs beim Roten Kreuz

Berlin, 11.11.2019

Lukas Neuling

Telefonische Kontaktaufnahme

Ehe man sich zu einer formellen schriftlichen Bewerbung entschließt, kann es zweckmäßig und erfolgsförderlich sein, zunächst telefonisch Kontakt zum Unternehmen aufzunehmen. (Das gilt vor allem für Initiativbewerbungen.)

Unter Umständen erfahren Sie dann bereits im Telefonat, dass eine Bewerbung ohnehin zwecklos wäre bzw. inwieweit Sie Erfolgschancen hätten und worauf man bei einer Bewerbung besonderer Wert legt. Außerdem kann sich aus einem telefonischen Erstkontakt ein Wettbewerbsvorteil ergeben, denn nur etwa zehn Prozent der Bewerber nutzen die Möglichkeit, einen ersten positiven Eindruck von sich zu vermitteln. Sofern in einer Stellenanzeige bereits ein Ansprechpartner angegeben war, sollten Sie sich unmittelbar mit diesem verbinden lassen, andernfalls die Personalabteilung verlangen.

Um sich auf das Telefonat bestmöglich vorzubereiten, kann es hilfreich sein, sich einen Gesprächsleitfaden mit den wichtigsten Fragen zu erstellen und sich für eventuelle Gegenfragen die erforderlichen Unterlagen bereitzulegen. Wird man von unerwarteten Fragen überrascht, kann dies zu entscheidender Verunsicherung führen. Hat man es andererseits versäumt, eine eigene wichtige Frage zu stellen, wird man es später bereuen.

Beispielsweise können die nachstehenden Fakten bzw. Fragen für das Gespräch bedeutsam sein.

- Vorher zu klärende Fakten:
  - Eigene Kenntnisse zum Personalbedarf
  - Persönliches Interesse an der Arbeitsstelle
  - Besondere Arbeitsplatzanforderungen
  - Qualifikationen für die Stelle
  - Wichtigste Eckdaten zur eigenen Person
  - Wesentliche Stationen des eigenen Werdegangs
- Im Telefonat zu klärende Fragen:
  - Erfolgschancen für eine eventuelle Bewerbung
  - Gewünschte Form einer schriftlichen Bewerbung
  - Erforderliche Bewerbungsunterlagen
  - Vorgesehener Eintrittstermin

Eine anschließende schriftliche Bewerbung sollte man an diejenige Person richten, mit der man telefoniert hatte, sich auf das Gespräch beziehen und sich dafür nochmals bedanken.

Das Vorstellungsgespräch als letzte Hürde

Käme man aufgrund einer schriftlichen Bewerbung für die ausgeschriebene Stelle in Frage, wird man in aller Regel zu einem Vorstellungsgespräch (auch als „Einstellungsgespräch“ bezeichnet) eingeladen, weil sich der Arbeitgeber zunächst noch ein persönliches Bild vom Bewerber machen will.

Die eigenen Gesprächsbeiträge

Was den Wahrheitsgehalt Ihrer Gesprächsbeiträge anbelangt, so gelten hier die gleichen Grundsätze wie bei der schriftlichen Bewerbung.

Auch im Vorstellungsgespräch sollten Sie keine fragwürdigen Angaben machen, denn gezielte Nachfragen würden Sie mit Sicherheit verunsichern und Ihre Glaubwürdigkeit gefährden.

Neben den inhaltlichen Klippen kommt für den Erfolg eines Vorstellungsgesprächs erschwerend hinzu, dass man auch aufgrund seiner Stimme und Körpersprache unwillkürlich einen nachteiligen oder unglaubwürdigen Eindruck erwecken kann. Daher ist es durchaus legitim, seine schauspielerischen Möglichkeiten einzusetzen, um dies zu verhindern. Doch sollten Sie dennoch halbwegs „echt“ bleiben.

Würden Sie einen völlig falschen Eindruck von Ihrer Persönlichkeit vermitteln, könnte der Arbeitgeber beim näheren Kennenlernen feststellen, dass Sie die bei ihm geweckten Erwartungen nicht erfüllen und er sich wieder von Ihnen trennt. Damit ist auch Ihnen nicht gedient, denn eine Kündigung durch den Arbeitgeber würde sich bei Ihren künftigen Bewerbungen in Ihrem Lebenslauf als Makel auswirken.

Grundsätzlich ist zu beachten, dass eine unwahr beantwortete Frage später eine fristlose Kündigung nach sich ziehen kann.

Unzulässige Fragen des Interviewers

Problematisch wird es, wenn der Arbeitgebervertreter seine Fragekompetenzen im Bewerbungsgespräch überschreitet und arbeitsrechtlich unzulässige Fragen stellt. In solchen Fällen wird es von der Rechtsprechung abgedeckt, wenn der Bewerber darauf unrichtige Aussagen macht. Eine unzutreffende Antwort auf eine unzulässige Frage kann später nicht als Kündigungsgrund angeführt werden. Sachverhalte unzulässiger Fragen können sein:

- Eine gegenwärtige Schwangerschaft
- Vorstrafen, welche nicht im Zusammenhang mit der angestrebten Tätigkeit stehen
- Die Zugehörigkeit zu einer Partei, Gewerkschaft oder Religion

Als Daumenregel kann man sich merken:

> **Eine Frage seitens des Interviewers ist unzulässig, wenn sie über das berechtigte Interesse des Arbeitgebers hinaus in die Privat-sphäre des Bewerbers eindringt.**

Durch eine derartige Frage darf die berufliche Eignung des Bewerbers nicht in Frage gestellt werden. Trotzdem sollte man irgendwelche Fragen nicht vorschnell als unzulässig einstufen. Wie so oft gibt es auch hier Grenzfälle, deren Einordnung ein ausführliche Recherche erfordern würden.

Hinzu kommt, dass obwohl eine unwahre Antwort auf eine unzulässige Frage nicht als Kündigungsgrund gelten darf, es dennoch einen schlechten Eindruck auf Seiten des Arbeitgebers hinterlässt und es später zu einer Kündigung mit anderweitiger Begründung kommt. Und selbst, wenn keine Kündigung erfolgt, ist das Vertrauensverhältnis beeinträchtigt.

Eine diplomatische Reaktion auf derartige Gesprächssituationen erfordert daher viel Fingerspitzengfühl. Will man im Nachhinein dagegen juristisch vorgehen, sollte an sich in jedem Fall von einem Fachanwalt für Arbeitsrecht beraten lassen.

Vorbereitung auf das Vorstellungsgespräch

Eine gute Vorbereitung hilft, weniger aufgeregt in das Gespräch zu gehen und selbstbewusster zu wirken. Dazu sollten Sie sich Klarheit über die eigenen Ziele und Wünsche verschaffen, sich über das Unternehmen ausreichend informieren sowie sich wirksame Argumente und wichtige Fragen für das Gespräch überlegen.

Hinsichtlich Ihrer Zielvorstellungen sollten Sie sich die folgenden Fragen stellen:

- „Was will ich in meinem Berufsleben als Fernziel erreichen?“
- „Was sind meine Nahziele und aktuellen Bedürfnisse?“
- „Was sind meine vorrangigen allgemeinen Interessengebiete und Neigungen?“
- „Worin sehe ich meine hauptsächlichen Stärken, aber auch Schwächen?“
- „Was erwarte ich mir von meinem ersten Arbeitsplatz, wäre mir besonders wichtig?“
- „Was sind die Mindestbedingungen und was käme für mich überhaupt nicht in Frage?“
- „Habe ich bereits konkrete Gehaltsvorstellungen?“
- „Was spricht dafür, dass ich für den Job besonders gut geeignet bin?“

Bei der Recherche zum Unternehmen sollten Sie folgende Fragen klären:

- Wer wird mein Gesprächspartner sein und welche Funktion hat er im Unternehmen?
- Was sind die Produkte bzw. Dienstleistungen des Unternehmens?
- Wie groß ist das Unternehmen und welche Unternehmensbereiche gibt es?
- Wann wurde es gegründet und wie war die weitere Firmengeschichte?

Sind Sie diesbezüglich gut informiert, beweist es Ihr echtes Interesse am angebotenen Arbeitsplatz. Die meisten Informationen können Sie sich über die Website des jeweiligen Unternehmens verschaffen oder durch zielgerichtete Recherchen bei Google sowie personenbezogene Daten in sozialen Netzen. Sofern Sie den Namen des Gesprächspartners erfahren haben, sollten Sie sich diesen gut einprägen, um ihn schon bei der Begrüßung sowie im späteren Gesprächsverlauf damit ansprechen zu können.

Ehe Sie zum Vorstellungsgespräch aufbrechen, sollten Sie sich gut über die Anfahrtsmöglichkeiten und den Zeitaufwand informieren. Planen Sie einen ausreichenden Zeitpuffer ein, um sich auch bei Staus oder Zugausfällen nicht zu verspäten. Wenn Sie unpünktlich sind, haben Sie sich Ihre Chancen möglicherweise bereits verscherzt.

Wählen Sie für das Gespräch saubere, intakte und der Situation angemessene Kleidung. Handelt es sich um einen offenbar sehr seriösen Arbeitgeber (beispielsweise eine Bank) sollten Sie ein eher konservatives Outfit wählen. Geht es hingegen um eine Werbeagentur, macht vermutlich eine mehr lockere, modische Kleidung einen besseren Eindruck.

Legen Sie sich die Utensilien bereit, die Sie für das Gespräch möglicherweise benötigen:

- Einladungsschreiben zum Gespräch
- Stellenanzeige
- Bewerbungsschreiben/-unterlagen (Kopien)
- Schreibmaterial, Taschenkalender
- Mobiltelefon
- Make-up, Duftwasser, Deodorant
- Kamm, Spiegel
- Papiertaschentücher, Erfrischungstücher
- Pastillen gegen Husten/Heiserkeit/Mundgeruch
- Anfahrplan, Fahrkarten

Bedenken Sie, dass Sie insbesondere nach einer längeren Anreise oder bei Sommerhitze etwas ramponiert aussehen könnten und sich wieder herrichten wollen. Es ist peinlich und verunsichernd, wenn Sie dann nicht dazu in der Lage sind.

Erfolgreiches Gesprächsverhalten

Routinierte Interviewer stellen im Verlauf des Vorstellungsgesprächs manchmal mehrfach die gleichen Fragen, um zu testen, ob sich der Bewerber in Widersprüchen verfängt. Denken Sie daher daran:

> **Ehrlichkeit und Bescheidenheit machen glaubwürdig und sympathisch.**

Dennoch sollten Sie Ihre wahren Stärken nicht herunterspielen, sondern ein angemessenes Selbstbewusstsein zeigen ohne angeberisch zu wirken. Hier einige Verhaltenstipps:

- Freundliche Begrüßung

  Den anderen mit Namen ansprechen, ggf. auch den Titel nennen. Per Handschlag nur wenn vom anderen angeboten und dann mit kurzem, aber angemessen festem Händedruck. Begrüßung mit aufrechter Körperhaltung und offenem Blickkontakt. Kurzen Dank für die Einladung aussprechen.

- Mehr zuhören als reden

  Hört man dem Gesprächspartner aufmerksam zu, signalisiert man ihm dadurch Interesse. Dabei Augenkontakt halten und gelegentlich zustimmend nicken. Den anderen ausreden lassen und nur unterbrechen, um eine wichtige Verständnisfrage zu stellen.

- Sich selber kurz fassen, dabei aber bestimmt und zielbewusst

  Die Möglichkeitsform mit Worten wie „würde“ oder „könnte“ und das unbestimmte „man“ sollten Sie möglichst vermeiden, da derartige Formulierungen Unentschlossenheit oder Unverbindlichkeit ausdrücken können.

- Keine vorschnellen Antworten geben

  Es wirkt natürlicher und überzeugender, wenn man bei schwierigen Fragen zunächst einen Moment nachdenkt. Hat man sich erst einmal unbedacht geäußert, lässt sich das nur schwer rückgängig machen.

- Bei unerwarteten Fragen nicht aus der Ruhe bringen lassen

  Es kann vorkommen, dass Ihnen Fragengestellt werden, auf die Sie unmöglich eine absolut richtige Antwort wissen können. Das können Schätz- oder auch völlig absurde Fragen sein. Sein Sie sich bewusst, dass hierbei nicht die richtige Antwort erwartet wird, sondern Sie Ihre Denkweise offenlegen sollen und es sich zeigen soll, inwieweit Sie auf Problemstellungen flexibel reagieren. Denken Sie in solchen Situationen laut und veranschaulichen Sie Ihre Herangehensweise.

- Freundliche Verabschiedung

  Hier gelten im Grunde dieselben Verhaltensregeln wie bei der Begrüßung. Abschließend sollten Sie sich für das Gespräch bedanken und die Hoffnung auf eine Anstellung ausdrücken.

Gespräche ohne örtliche Bewerberanwesenheit

Zwar ist das Bewerbungsgespräch, bei dem sich die Teilnehmer „live“ gegenübersitzen, die am weitesten verbreitete Form, jedoch sind zunehmend zwei nennenswerte Alternativen anzutreffen: Wegen einer hohen Bewerberzahl oder der insgesamt aufwendigen Beurteilungsprozedur, aber auch aufgrund des auswärtigen Wohnorts von Bewerbern wird zunächst auf deren persönliches Erscheinen verzichtet. In solchen Fällen wird mitunter als erster Schritt ein Gespräch per Telefon oder als Videotelefonat geführt.

Auf diese Weise ist es den Unternehmen möglich, eine größere Anzahl von Bewerbern ohne großen Zeitaufwand näher kennen zu lernen und eine Vorauswahl für anschließende Gespräche vor Ort zu treffen. Die Bewerber wiederum ersparen sich die Anreise und sind normalerweise im Gespräch weniger aufgeregt. Allerdings ergeben sich speziell für Videogespräche bestimmte Gesichtspunkte, die zu beachten sind:

- Habe ich die technischen Voraussetzungen, wie zum Beispiel eine Webcam am PC, um überhaupt an einem Videogespräch teilnehmen zu können?
- Wenn ja, wie ist die Ton- und Videoqualität? Habe ich eine stabile Internetverbindung?

- An welchem Ort bin ich ungestört und laufe nicht Gefahr unterbrochen zu werden?
- Was wird mein Gegenüber in meinem Hintergrund sehen können?

Um auch unter diesen veränderten Bedingungen nicht in eine unangenehme Situation zu kommen, bietet sich eine „Generalprobe“ mit einem Familienmitglied oder Bekannten an. Während man bei einem persönlichen Gespräch den ersten Eindruck „nur“ über das eigene Äußere und Auftreten beeinflussen kann, kommt bei einem Videotelefonat noch der Zustand der eigenen Wohnung als Hintergrundbild hinzu.

Bezüglich des Inhalts des Gespräches kann auf die Ausführungen oben verwiesen werden. Obwohl gerade telefonische Bewerbungsgespräche meist kürzer gehalten werden, tauchen dort typischerweise die gleichen Fragen auf wie bei Gesprächen vor Ort, womit eine ebenso sorgfältige Vorbereitung geboten ist. Allerdings hat man am Telefon den Vorteil, dass man sich einen Gesprächsleitfaden mit Stichpunkten zu bestimmten Themen vorbereiten und bereitlegen kann, auf die man im Notfall zurückgreift.

9. Zukunftsorientierter Start in die Berufspraxis

Persönliche Berufsperspektiven

Damit Sie nicht zum Spielball beruflicher Entwicklungen und Ereignisse werden, sondern Ihr Berufsleben aktiv gestalten, sollten Sie sich beizeiten einige Gedanken über Ihre weitere berufliche Zukunft machen. Dabei gilt es, die unterschiedlichen persönlichen und arbeitsplatzbezogenen Entwicklungsszenarien zu durchdenken, um sich einen Handlungsrahmen für die nächsten Jahre schaffen zu können.

Ein noch so gut begründeter Karriereplan sollte jedoch nicht dazu führen, dass wegen ehrgeizigen Karrierestrebens die allgemeine Lebensqualität auf der Strecke bleibt. Er darf nicht zu krankmachenden Überforderungen führen – und möglicherweise dann auch zu unglücklich machenden Misserfolgen. Ebenso sollte die Vereinbarkeit von Beruf und Privatleben stets gewahrt bleiben.

Unverzichtbare Grundlage: Klar definierte Ziele

Wie bei jeder systematischen Planung sollten Sie sich im ersten Schritt über Ihre wichtigsten Ziele klarwerden. Sie sollten sich dazu fragen:

- „Welche grundlegenden persönlichen Werte müssen bei meiner Berufstätigkeit gewahrt bleiben?“
- „Welche Arbeitsinhalte bevorzuge ich im Hinblick auf meine Neigungen und Eignungen?“
- „Wie soll sich mein Berufsalltag hinsichtlich der Belastungen und menschlichen Kontakte gestalten, damit mein Wohlbefinden und meine Gesundheit keinen Schaden nehmen?“
- „Wie soll sich mein Einkommen entwickeln, damit ich meine materiellen und immateriellen Bedürfnisse befriedigen kann?“
- „Welche berufliche und gesellschaftliche Stellung will ich erreichen?“

- „Inwieweit bin ich bereit, bei meiner Berufsausübung inhaltlich und örtlich flexibel zu sein oder bevorzuge es sogar?“
- „Wie schätze ich meine momentanen und künftigen Entwicklungschancen ein?“

Sie sollten sich zwar durchaus anspruchsvolle, aber dennoch realistische Karriereziele setzen.

Auch sollten Sie nicht nur Maximalziele, sondern auch Minimalziele formulieren, um somit Ihren Handlungs- und Kompromissspielraum abzustecken.

Zwischenzeitliche Zielkontrolle und Anpassung

Trotz aller Planungssorgfalt sollten Sie Ihren Karriereplan hin und wieder kontrollieren und gegebenenfalls korrigieren. Fragen Sie sich in angemessenen Zeitabständen, ob

- sich zwischenzeitlich irgendwelche beruflichen Gegebenheiten oder Tendenzen nennenswert geändert haben oder
- Sie vielleicht aufgrund neuer Erfahrungen oder Bedürfnisse zu neuen Zielvorstellungen gelangt sind.

Beispielsweise können sich Ihre beruflichen Möglichkeiten im Unternehmen aufgrund einer Umorganisierung entscheidend verändert haben oder haben Sie wegen familiärer Ereignisse (Heirat, Kinder) für Ihre Lebensführung neue Prioritäten entwickelt. Sie sollten dann Ihren Plan kritisch überdenken und den neuen Gegebenheiten anpassen.

Zweifellos kann man seine berufliche Entwicklung nur begrenzt beeinflussen, weil manche Entwicklungen nun mal Glückssache sind oder man bestimmte Gegebenheiten beim besten Willen nicht beeinflussen kann. Hat man jedoch keine klaren Zukunftspläne und überlässt seinen Berufsweg dem Zufall, unternimmt man wahrscheinlich aus Unbedachtsamkeit so manches, was eher karriereschädlich ist oder übersieht wertvolle Chancen.

Es ist wissenschaftlich bewiesen, dass konkrete und optimistische Ziele wesentlich höhere mentale Energien freisetzen und somit erfolgreicher machen als diffuse oder sogar pessimistische Zukunftsperspektiven.

Probezeit als Einstieg in ein Arbeitsverhältnis

Personalexperten bezeichnen die Probezeit gerne als die „zweite Bewerbung", weil der neue Mitarbeiter während dieser Zeit beweisen soll, dass er tatsächlich die in ihn gesetzten Erwartungen erfüllt und in das Unternehmen passt.

Kündigungsschutz während der Probezeit

Arbeitsrechtlich ist die Probezeit etwas Besonderes, denn der sonst relativ strikte Kündigungsschutz gilt dann nicht.

Während der Probezeit können Arbeitgeber und Arbeitnehmer ohne Angabe von Gründen den Vertrag kündigen.

Auch ist die Kündigungsfrist während dieser Zeit auf zwei Wochen verkürzt, bei einzelnen Tarifverträgen sogar auf zwei Tage. Der Arbeitgeber kann sogar noch bis zum letzten Tag der Probezeit zu diesen erleichternden Bestimmungen kündigen. Erst nach der Probezeit greift der reguläre Kündigungsschutz.

Eine Probezeit besteht jedoch nicht kraft Gesetzes, sondern nur, wenn sie ausdrücklich vereinbart wurde. Nach dem Bürgerlichen Gesetzbuch kann die Probezeit maximal für die Dauer von sechs Monaten vereinbart werden. Eine Verlängerung dieser Frist ist nicht möglich – selbst nicht bei einer krankheitsbedingten Fehlzeit des Arbeitnehmers.

- Kündigung durch den Arbeitgeber

  Gründe für eine Kündigung seitens des Arbeitgebers während der Probezeit sind normalerweise
  - unterschiedliche Vorstellungen über die Zusammenarbeit,

- mangelnde arbeitsplatzbezogene Fähigkeiten,
- unzureichende Einfügung in das Arbeitsteam.

- Eigene Kündigung

  Wollen Sie selber ein Arbeitsverhältnis bereits während der Probezeit kündigen, sollten Sie dabei trotz eventueller Enttäuschungen keine persönliche Verärgerung zeigen. Streben Sie vielmehr ein Klima des gegenseitigen Einvernehmens an, damit Ihr Arbeitszeugnis keine negative Tendenz erhält und somit nicht zu einem Schwachpunkt bei künftigen Stellenbewerbungen wird.

Verhalten als Neuling im Betrieb

Kenntnisdefizite trotz qualifizierter Ausbildung

Selbstverständlich soll eine Berufsausbildung die Kenntnisse und Fertigkeiten zur Ausübung des jeweiligen Berufs vermitteln. Doch befähigt selbst eine dreijährige Lehre nicht dazu, sämtliche fachlichen Details eines komplexen Berufs zu beherrschen sowie die unterschiedlichen firmen- und branchenspezifischen Anforderungen erfüllen zu können. Somit bleibt nur, die Defizite während der Berufspraxis auszugleichen und sich zu vervollkommnen – ohne dabei jemals für alle Zeiten perfekt werden zu können. Denn der technische Fortschritt führt ständig zu neuen fachlichen Anforderungen, sodass man heutzutage zu Recht von der Notwendigkeit lebenslangen Lernens spricht.

Demzufolge sollten Sie sich als Berufsanfänger nicht scheuen, erfahrene Kollegen um Rat zu fragen, wenn Sie sich bei einem Problem unsicher fühlen. Normalerweise tut es den Betreffenden sogar gut, um Rat gefragt zu werden und macht Sie als neuen Kollegen sympathisch. Auch ist es kein Beinbruch, gegenüber einem Vorgesetzten gelegentlich zu bekennen, dass Ihnen für eine bestimmte Arbeitsaufgabe noch wichtige Kenntnisse fehlen oder Sie sich noch zu unerfahren fühlen. Es beweist Ihre Ehrlichkeit und Ihr Vertrauen!

Insbesondere als Berufsanfänger sollte man sich im Zweifel eher kleiner machen, statt aus Profilierungsstreben den Neunmalklugen zu spielen.

Auf jeden Fall sollten Sie sich davor hüten, sich als Neuling mit Ihrem vermeintlich aktuelleren theoretischen Ausbildungswissen zu brüsten, um anderen Ihre Fachkompetenz zu beweisen. Das lässt Sie arrogant und besserwisserisch wirken – werden Sie sich eher Feinde als Freunde schaffen.

Aber auch wenn Sie bei Ihrer neuen Arbeitsstelle schon langsam Fuß gefasst haben, sollten Sie sich gegenüber den erfahrenen Kollegen in Fachfragen während der Anfangszeit eher defensiv verhalten. Wissenschaftliche Untersuchungen haben ergeben, dass Anfänger nicht selten dazu neigen, sich zu überschätzen – sie schon nach den ersten Praxiserfahrungen meinen, sich als Könner beweisen zu müssen und entsprechend arrogant wirken.

Integration in ein Arbeitsteam

Wird man als Neuer einer Arbeitsgruppe zugeteilt, sollte man es nicht als Selbstverständlichkeit erachten, dass man mit offenen Armen empfangen wird. Es ist etwas völlig Natürliches, wenn manche Kollegen sich zunächst etwas distanziert geben. Schließlich ist es für alle Beteiligten eine neue Situation. Es bedarf nun mal einer gewissen Zeit bis man sich hinreichend kennengelernt hat, um beiderseitig zu wissen, woran man aneinander ist – inwieweit man sich sympathisch ist und einander vertrauen kann.

Auch als Berufsanfänger darf man diesbezüglich keinen Bonus erwarten. Möglicherweise ist man wegen noch begrenzter Routine für die Gruppe zunächst sogar eine Belastung statt echte Hilfe. Um sich dennoch erfolgreich zu integrieren, hier einige Verhaltenstipps:

- Sich gegenüber den Kollegen höflich und hilfsbereit zeigen.
- Jede Gelegenheit wahrnehmen, sich in das Kollegenteam einzugliedern, indem man mit ihnen gemeinsam die Pausen verbringt, ggf. an einem Feierabendumtrunk teilnimmt oder Interesse an sonstigen gemeinsamen Aktivitäten zeigt – allerdings ohne sich aufzudrängen.
- Verbesserungsvorschläge erst dann machen, wenn man es hinreichend zuverlässig erkannt hat, warum bestimmte Regeln oder Gewohnheiten bestehen, diese aber offenkundig tatsächlich optimierungsbedürftig sind.

- Auf gelegentliche Kritik nicht gereizt, sondern verständnisvoll und einsichtig reagieren.

Als Neuling in einer Firma sollte man besonders offen und freundlich auf die Kollegen zugehen, ihnen Anerkennung und Interesse entgegenbringen und jede Gelegenheit zur Kontaktpflege nutzen.

10. Berufliche Weiterentwicklung

Zielbewusste Karrierestrategie

Nachdem Sie in Ihren Beruf gestartet sind und bereits einige Erfahrungen mit den gegebenen Arbeitsumständen gesammelt haben, sollten Sie sich zu gegebener Zeit einmal folgende Fragen vorlegen:

- „Habe ich rückblickend tatsächlich die zu mir passende und mich zufriedenstellende Berufstätigkeit gewählt?"
- „Kann ich bei meinen momentanen Arbeitsaufgaben meine Kreativität hinreichend einbringen, mich verwirklichen und an ihnen wachsen?"
- „Gibt es in meinem derzeitigen Unternehmen bzw. Unternehmensbereich zufriedenstellende Aufstiegsmöglichkeiten?"
- „Bietet mir meine momentane berufliche Situation ausreichende Verdienstmöglichkeiten, um mir meine vorrangigen persönlichen Wünsche erfüllen zu können?"
- „Lässt mir meine Berufstätigkeit genügend zeitlichen Spielraum für mein Privatleben?"
- „Fühle ich mich bei der Art meiner Berufstätigkeit zu sehr fremdbestimmt und würde ich lieber selbstständiger arbeiten oder sogar gänzlich in eine Selbstständigkeit wechseln?
- „Hatte ich mir vielleicht aber auch unrealistische Berufsziele gesetzt?"
- „Oder sollte ich mich beruflich sogar noch einmal völlig neu orientieren?"

Schieben Sie diese Überlegungen nicht so lange vor sich her, bis Sie sich aus Gewöhnung oder Bequemlichkeit nicht mehr dazu aufraffen können, etwas für Ihre Entwicklung zu unternehmen oder manche günstige Gelegenheit hierzu verpassen.

Aufbau des persönlichen Images

Bei der Frage, wie man seine persönlichen Chancen auf das Vorankommen in der Karriereleiter fördern kann, wird man – je nachdem, wen man fragt – sehr unterschiedliche Antworten erhalten. Als Lösung wird neuerdings das sogenannte „Personal Branding" empfohlen. Hierbei geht es darum, dass der Arbeitnehmer sein Image wie das eines Unternehmens als Marke betrachtet und nach ähnlichen Grundsätzen behandelt.

Ziel ist es, die eigenen Stärken und Kompetenzen in den Vordergrund zu rücken und die Wahrnehmung der eigenen Person durch andere zu prägen. Daneben kann auch die Positionierung zu relevanten gesellschaftlichen oder innerbetrieblichen Themen stehen. Bei diesem Punkt spielen gerade die sozialen Medien eine sehr starke Rolle. Äußerungen auf dem persönlichen Profil werden oft auch von Kollegen und Vorgesetzten gelesen und können das Image massiv beeinflussen. Vor dem Verfassen eines Kommentars oder Statusbeitrages ist allerdings immer zu bedenken, welche Auswirkungen dieser auf beruflicher Ebene haben kann. So wie man als Stellenbewerber versucht, möglichst viele Informationen über den zukünftigen Arbeitsplatz zu sammeln, stellt natürlich auch die Unternehmensseite eigene Recherchen an.

Tätigkeits- oder Arbeitgeberwechsel

Bei der Vielfalt und dem permanenten Wandel der heutigen Berufswelt wäre es nicht verwunderlich, wenn Sie bei einer der eingangs formulierten Fragen zu einer negativen Antwort gekommen sind. Wenn Sie dadurch zu der Einsicht gelangten, dass Sie an Ihrer derzeitigen beruflichen Situation eigentlich etwas ändern sollten.

Doch hilft diese Erkenntnis nur weiter, wenn Sie daraus auch die notwendigen Konsequenzen ziehen. Nicht wenige Menschen bringen in einer derartigen Lage nicht die Kraft auf, sich mit ihrem Problem aktiv auseinanderzusetzen. Möglicherweise weil sie folgende Befürchtungen hegen:

- Durch eine grundlegende Veränderung der momentanen Situation auf bestimmte Vorteile verzichten zu müssen.

- Sich eine anderweitige Berufstätigkeit als noch negativer erweisen könnte.
- Man sich mit schwierigen oder unbequemen Veränderungsproblemen befassen muss.
- Man wahrscheinlich ohnehin keine lohnenswerten Veränderungschancen haben wird.

Lassen Sie es nicht erst zu latenter Unzufriedenheit kommen, sondern machen Sie sich die Mühe, Ihr Problem systematisch zu analysieren, um darauf aufbauend nach geeigneten Verbesserungsmöglichkeiten Ausschau zu halten.

Gehen Sie bei Ihren Veränderungsüberlegungen in den nachstehend genannten Schritten vor und halten Sie Ihre Erkenntnisse schriftlich fest.

Flexibilität und Risikobereitschaft sind im Berufsleben normalerweise den positiven Persönlichkeitseigenschaften zuzurechnen. Geht es jedoch um eine strategische Karrieregestaltung, darf Flexibilität nicht zu unkritischer Spontanität führen sowie Risikobereitschaft nicht zu leichtfertiger Waghalsigkeit.

Eine fundamentale berufliche Veränderung sollten Sie nicht leichtfertig vollziehen, sondern sich diese zuvor reiflich überlegen.

Andernfalls kann es dazu kommen, dass Sie durch einen Wechsel letztlich mehr verloren haben als Sie gewinnen konnten. Daher sollten Sie sich nicht nur aus einer momentanen Verärgerung heraus zu einem Tätigkeits- oder sogar Arbeitgeberwechsel entschließen.

Auch wenn Sie einige der eingangs aufgezählten Kriterien negativ bewertet hatten, sollten Sie mit dem nötigen emotionalen Abstand zunächst kritisch prüfen, ob die von Ihnen empfundenen Mängel tatsächlich schwerwiegend genug sind, um die in den meisten Fällen gegebenen Risiken eines beruflichen Wechsels zu rechtfertigen.

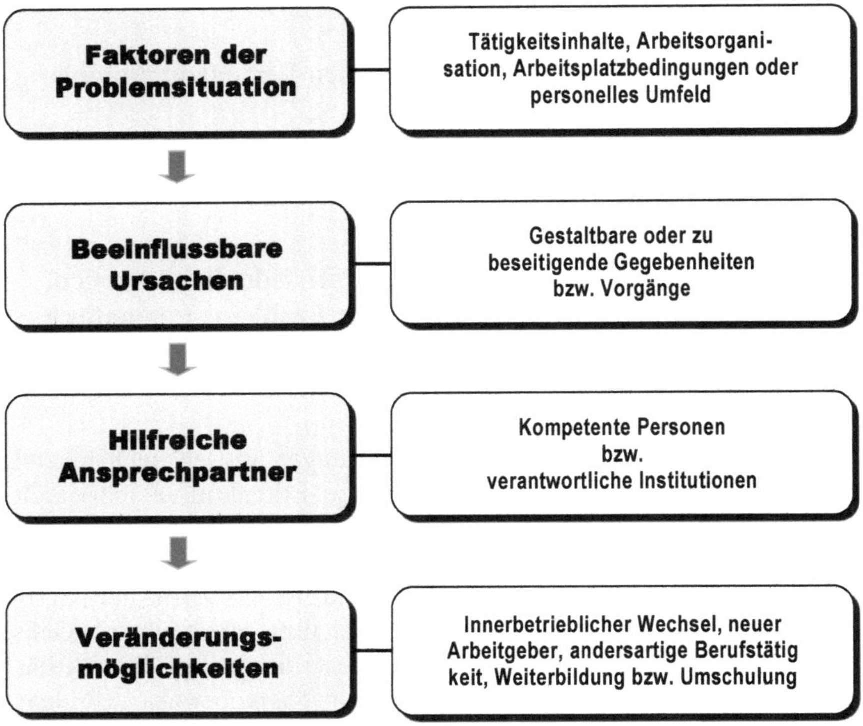

Machen Sie es sich daher zunächst bewusst, was Sie aufgeben würden. Dazu können zählen:

- Attraktives Einkommen
- Besondere Sozialleistungen
- Interessante Arbeitsinhalte
- Hohe Arbeitsplatzsicherheit
- Akzeptable Leistungsanforderungen
- Gutes Betriebsklima
- Angenehme Sozialkontakte
- günstige Arbeitszeiten
- kurzer Arbeitsweg
- persönliche Privilegien
- Sonstige betriebliche Leistungen oder relevante Arbeitsbedingungen.

Sicher werden Sie trotz Ihrer momentanen Unzufriedenheit dabei manche Vorzüge Ihrer bisherigen Berufstätigkeit erkennen, auf die Sie nicht leichten Herzens verzichten würden. Demgegenüber ist abzuwägen, welche Verbesserungen Sie bei realistischer Einschätzung erzielen könnten und was Ihnen diese tatsächlich wert wären.

Bietet sich Ihnen eine Veränderungschance, sollten Sie diese daher zunächst sorgfältig prüfen, ob sie

- mit hinreichender Sicherheit realisierbar ist und
- wirklich entscheidende Verbesserungen gewährleistet.

Auf folgender Internetplattform der Bundesagentur für Arbeit werden Ihnen Ratschläge und Informationen für einen beruflichen Neuanfang gegeben:
www.arbeitsagentur.de/beruf-wechseln/neues-berufsziel-finden

Notwendigkeit und Möglichkeiten der Weiterbildung

Sollten Sie im Hinblick auf Ihre gesammelten Erfahrungen zu der erfreulichen Erkenntnis gelangt sein, dass Sie mit Ihrer Berufswahl grundsätzlich zufrieden sind, sollten Sie sich dennoch gelegentlich folgende kritischen Fragen vorlegen:

- „Will ich auch künftig im momentanen Unternehmen bzw. Unternehmensbereich verbleiben und dabei ständig die gleichen Arbeitsaufgaben verrichten?“
- „Werde ich mich auf Dauer mit meiner augenblicklichen Position in der Unternehmenshierarchie zufrieden geben?“
- „Was könnte und sollte ich in dieser Hinsicht beizeiten für meine Weiterentwicklung tun?“

In unserer Zeit des stetigen Wandels in der Berufswelt ist hier vor allem die berufliche Weiterbildung zu nennen. Wie schon an anderer Stelle erwähnt, ist heutzutage lebenslanges Lernen erforderlich, um die eigenen Arbeitsmarktchancen zu wahren.

Betriebsinterne Fortbildungsmaßnahmen

Arbeitgeber erwarten von ihren Mitarbeitern ein aktuelles Fachwissen und Qualifikationen auf höchstmöglichem Niveau. Manche Unternehmen bieten ihnen daher innerbetriebliche Fortbildungsmaßnahmen an oder machen die Teilnahme sogar zur Pflicht. Große Unternehmen haben dazu oftmals besondere Personalentwicklungs-abteilungen – mitunter auch mit eigenen Lehrkräften. Handelt es sich um freiwillige Fortbildungen, sollten Sie – wenn auch vielleicht nur vorsorglich – dazu jede Gelegenheit wahrnehmen, um auf diese Weise etwas für sich zu tun ohne eigene Kosten zu haben.

Externe Weiterbildungsmöglichkeiten

Führen Unternehmen keine innerbetrieblichen Bildungsmaßnahmen durch, so schicken manche ihre Mitarbeiter stattdessen zu Veranstaltungen externer Anbieter. Oder sie stellen es den Mitarbeitern frei, sich selbst geeignete Bildungsangebote zu suchen und übernehmen dann die anfallenden Kosten.

Bietet Ihr Arbeitgeber keinerlei Weiterbildungsmöglichkeiten, sollten Sie sich im Interesse Ihrer beruflichen Entwicklung eigeninitiativ darum bemühen.

Sie sollten sich nach geeigneten Lehrgängen, Kursen oder Seminaren umsehen und auch bereit sein, dafür Zeit und Kosten zu investieren. Irgendwann zahlt sich jede Anreicherung der beruflichen Fähigkeiten aus. Auch wenn Sie damit momentan keine Beförderung oder Einkommenssteigerung in Ihrer Firma erzielen können, wird Ihnen dadurch mit Sicherheit

- die Arbeit leichter fallen,
- werden Sie somit häufiger Erfolgserlebnisse haben und
- mehr Anerkennung erfahren.

Außerdem verbessern Sie dadurch Ihre Chancen, falls Sie sich irgendwann doch einmal zu einem Arbeitgeberwechsel entschließen sollten. In handwerklichen Berufen ist der Erwerb des Meisterbriefs eine typische Art der Zusatzqualifikation, die attraktive berufliche Perspektiven eröffnet. So berechtigt er zum selbständigen Betrieb eines zulassungspflichtigen Handwerks, zum Ausbilden von Lehrlingen sowie zum Führen des Titels „Meister“.

Fernunterricht und Fernstudium

Eine besondere Form der Weiterbildung ist der Fernunterricht bzw. das Fernstudium. Insbesondere für berufstätige Alleinerziehende sind es praktikable Alternativen. Hierzu zählen folgende Bildungsangebote:

- Klassische Fernlehrgänge

  Die Lernenden erhalten Lehrmaterialien bzw. Studienhefte zugeschickt, die selbstständig zu bearbeiten sind. Ein Fernlehrer – auch Tutor genannt – bietet eine persönliche Betreuung, indem er für Zwischenfragen zur Verfügung steht, den erzielten Wissensstand anhand von Einsendeaufgaben überprüft und diese kommentiert. Mithilfe eines Fernlehrgangs können Erwachsene hierzulande nahezu jedes Bildungsziel im nichtakademischen Bereich erreichen, beispielsweise das Abitur oder einen IHK-Abschluss. Mitunter enthält ein Fernlehrgang auch Präsenzphasen.

- E-Learning

  Eine heutzutage häufig angebotene Variante sind Lehrgänge bzw. Kurse, bei denen die Lernmaterialien, Einsendeaufgaben und deren Korrekturen über das Internet ausgetauscht werden. Die Kurse ermöglichen meist auch einen Onlineaustausch der Teilnehmer untereinander. Sind auch Präsenzphasen vorgesehen, spricht man auch von „Blended-Learning-Kursen“.

- Fernstudium

  Fernstudien sind hinsichtlich des Austauschs der Lernmaterialien ähnlich organisiert wie Fernlehrgänge. Im Unterschied zu Fernlehrgängen werden hierdurch jedoch vor allem akademische Abschlüsse erworben. Außerdem sind in einem Fernstudium Klausuren zu schreiben und Prüfungen abzulegen, für die häufig die Präsenz in einem örtlichen Studienzentrum obligatorisch ist. Will man ein Fernstudium nicht neben einer Berufstätigkeit, sondern in Vollzeit absolvieren, sollte man hierfür mindestens 20 bis 30 Stunden pro Woche veranschlagen.

Als Weiterbildungsanbieter kommen sowohl staatliche Einrichtungen als auch freie Träger in Frage. Zu den staatlichen oder staatlich geförderten zählen insbesondere:

- Volkshochschulen
- Fachschulen
- Industrie- und Handelskammern
- Handwerkskammern
- Hochschulen
- Berufsbildungszentren
- Gewerkschaften
- Wirtschaftsverbände
- Kirchliche Bildungseinrichtungen
- Bildungseinrichtungen der politischen Parteien

Darüber hinaus gibt es zahlreiche private Weiterbildungsanbieter. Informationen über die Möglichkeiten der beruflichen Weiterbildung erhalten Sie unter anderem im Internetportal der Bundesanstalt für Arbeit (*www.arbeitsagentur.de/karriere-und-weiterbildung*).

Auch ohne Einkommenssteigerung oder Statusgewinn erhöht eine zusätzliche Qualifizierung die Arbeitsfreude sowie Zufriedenheit im Beruf und trägt zur Arbeitsplatzsicherung bei.

Übernahme von Führungsaufgaben

Wenn Sie als frisch ausgebildete Nachwuchskraft in eine Fima eingetreten sind, wird man Ihnen in aller Regel zunächst nur einfachere Aufgaben zuweisen. Haben Sie im Lauf der Zeit genügend Praxiserfahrungen gesammelt, wird man Ihnen zunehmend höherwertigere Tätigkeiten übertragen und bei entsprechender Bewährung möglicherweise auch Führungsverantwortung.

Erforderliche Führungskompetenzen

Rein ausführende Tätigkeiten erfordern ausschließlich fachspezifische Fähigkeiten, die man üblicherweise per Ausbildung erwirbt. Zu einem erfolgreichen Führungshandeln jedoch gehören neben den fachlichen auch soziale Kompetenzen wie Einfühlungsvermögen oder kommunikative bzw. Konfliktfähigkeiten. Außerdem erfordert Mitarbeiterführung das nötige Maß an Problembewusstsein, Verantwortungsbereitschaft, Organisationsfähigkeit und manches mehr.

Sind Ihnen derartige Persönlichkeitseigenschaften nicht angeboren oder haben sich diese nicht im Lauf Ihres Lebens entwickelt, gilt es sie zu erwerben. Entweder durch weitere Praxiserfahrungen, besser aber, indem Sie sich – möglichst schon vorsorglich – durch Seminare oder Fachliteratur ein fundiertes Führungswissen verschaffen. Ein fundiertes Führungswissen vor massive Führungsfehler bewahren, die oft nur schwer wieder gutzumachen sind und Ihrer beruflichen Karriere nachhaltig schaden können.

Auch Führen ist erlernbar, erfordert aber die Bereitschaft, die eigenen Verhaltensweisen in Frage zu stellen und notfalls zu ändern.

Haben Sie sich vorsorglich hinreichende Führungsfähigkeiten angeeignet, können Sie sich bei eventuellen Ausschreibungen von Führungsposten dann unverzüglich darum bewerben.

Rollenverhalten als neue Führungskraft

Es reicht es nicht aus, einen Führungsposten erlangt zu haben, sondern heißt es, sich in der neuen Position möglichst bald zu bewähren und diese abzusichern.

Dabei können die nachstehenden besonderen Handicaps einer jungen, noch unerfahrenen Führungskraft den erfolgreichen Start in die neue Aufgabe erheblich erschweren. Im Folgenden werden Ihnen einige hilfreiche Empfehlungen gegeben, wie Sie mit diesen Problemen konstruktiv umgehen können.

- Geringes Lebensalter

  Sind Sie noch verhältnismäßig jung und haben keine Führungserfahrungen, reagieren die Mitarbeiter mitunter selbst auf fundierte

Anweisungen ablehnend oder nehmen diese nicht ernst. Vorschnell unterstellen sie der jungen Führungskraft mangelnde Fachkompetenz oder fehlende Durchsetzungsfähigkeit. Gerade wenn Sie lebensältere Mitarbeiter zu führen haben, sollten Sie dennoch nicht den Chef hervorkehren, sondern – geschickter taktierend – auch mit diesen Mitarbeitern respektvoll umgehen, um ihre Widerstände abzubauen und sie für sich zu gewinnen.

- Rollenwechsel vom Kollegen zum Vorgesetzten

  Waren Sie zuvor ein gleichrangiger Kollege, fällt es nicht leicht, nunmehr die in der Vorgesetztenrolle notwendige Distanz zu wahren. Insbesondere wenn freundschaftliche Beziehungen bestehen und Sie sich bisher geduzt hatten. Im Interesse eines freimütigen und partnerschaftliche Umgangs ist im Allgemeinen davon abzuraten, dann zum „Sie“ überzugehen. Verständlicherweise wird das von den Betreffenden meist als Arroganz empfunden. Dennoch gilt es, in Sachfragen neutral und angemessen distanziert vorzugehen.

Reaktionen auf Mitarbeitervorbehalte

Alle diese geschilderten Mitarbeitervorbehalte können den Wechsel in eine Führungsposition massiv erschweren und sogar zum Scheitern führen. Die aus diesem Bewusstsein resultierenden unterschwelligen Versagensängste können eine der beiden nachstehend beschriebenen natürlichen Stressreaktionen auslösen:

- Angriffsreaktion

  Um den befürchteten Mitarbeiterwiderständen zu begegnen bzw. ihnen beizeiten vorzubeugen, neigen manche neuen Führungskräfte zu besonders forschem Auftreten und provozieren dadurch zusätzliche Widerstände. Je häufiger sie dann aufgrund ihrer noch eingeschränkten Insiderkenntnisse bei den oftmals folgenden Machtgeplänkeln unterliegen, desto mehr kommt es zu Autoritätsverlusten bis hin zur Lächerlichkeit!

- Fluchtreaktion

  Um Mitarbeiterwiderstände gar nicht erst aufkommen zu lassen oder wahrgenommene abzubauen versuchen andere, jeglichen Konflikten von vornherein aus dem Weg zu gehen und passen sich an. Sie vermeiden es, Mitarbeitern zu widersprechen und verzichten auf zwar notwendige, aber unpopuläre Maßnahmen. Von den Mitarbeitern wird das logischerweise als Schwäche wahrgenommen und ermutigt sie in ihrer oppositionellen Haltung. Natürlich ist ein solches Führungsverhalten hinsichtlich des Unternehmenserfolgs auch verantwortungslos.

Beide Abwehrstrategien erschweren eine erfolgreiche Zusammenarbeit. Vielmehr gilt es, alles dafür zu tun, damit es sowohl zu einem leistungsorientierten, dabei aber dennoch partnerschaftlichen Miteinander kommt. Beides schließt sich nicht gegenseitig aus, sondern bedingt einander sogar: Nur wenn Mitarbeiter die Überzeugung gewonnen haben, dass ihr Vorgesetzter nicht ohne Not gegen ihre Interessen handelt, werden sie bereit sein, auch ungeliebte Arbeiten zu verrichten sowie sich bei berechtigter Kritik einsichtig zeigen.

Als neue Führungskraft sollten Sie sich daher besonders mitarbeiterorientiert verhalten und im Zweifel eher fragen, statt zu behaupten. Tatsächliche Kenntnismängel sollten Sie offen eingestehen und die Mitarbeiter – ihre Erfahrungen ausdrücklich anerkennend – um Rat fragen. Das bedeutet jedoch nicht, keine eigenen Meinungen zu äußern oder fragwürdigen Mitarbeiteransichten zuzustimmen. Sind geäußerte Mitarbeitermeinungen nicht überzeugend, sollten Sie diese nachdrücklich hinterfragen und begründen lassen.

Mitarbeiter nach ihrer Meinung zu fragen, bedeutet noch lange nicht, die eigene aufzugeben.

Heutige Führungserschwernisse

Jeder erfahrene Führungspraktiker wird bestätigen, dass Mitarbeiterführung heute weit schwieriger ist als in früheren Zeiten. Noch bis in die 1960er Jahre konnten sich Vorgesetzten dank ihrer Machtposition und ihres Wissensvorsprungs auf das schlichte Anordnen und Kontrollieren von Arbeitsaufgaben beschränken. Verschiedene technische, wirtschaftliche und gesellschaftliche Veränderungen der letzten Jahrzehnte stellen die Führungskräfte heute jedoch vor weitaus höhere Anforderungen. Insbesondere haben dazu folgende Entwicklungen beigetragen:

- Wandel der Arbeitsprozesse
- Wachsende Führungsbereiche
- Vertrauensschwund der Mitarbeiter
- Gesellschaftlicher Wertewandel
- Geändertes Mitarbeiterbewusstsein
- Unpersönliche digitale Kommunikationstechniken
- Machtverluste der Führungskräfte

Die daraus resultierenden Erschwernisse haben dazu geführt, dass Führungskräfte in aller Regel nicht mehr in der Lage sind, auch nur für ihren eigenen Führungsbereich alles zu wissen, geschweige denn zu können.

> **Führungskräfte sind demzufolge heute mehr denn je auf das Spezialwissen und den guten Willen ihrer Mitarbeiter angewiesen.**

Sollten Sie also eines Tages in eine Führungsposition aufgestiegen sein, können Sie sich darin nur dann erfolgreich behaupten, indem Sie Ihre Mitarbeiter motivieren, ihre Arbeitsaufgaben weitestgehend eigenverantwortlich, leistungsbereit und gruppendienlich zu erledigen.

Grundregeln erfolgreicher Mitarbeiterführung

Um die zuvor genannten Führungsziele zu erreichen, sollten Sie vor allem die folgenden Regeln beachten.

Regel 1:

Klare Vorstellung von den übergeordneten Zielen haben und sie akzeptieren können. Andernfalls sich über die Unternehmens- bzw. Bereichsziele informieren, um sich von deren Sinnhaftigkeit zu überzeugen und dabei eventuelle Bedenken äußern zu können.

Regel 2:

Verantwortung übernehmen und notwendige Entscheidungen treffen. Zu den eigenen Führungsaufgaben stehen und sie wahrnehmen sowie getroffene Entscheidungen den Mitarbeitern begründen und nachvollziehbar machen.

Regel 3:

Für die Mitarbeiter berechenbar sein und authentisch bleiben. Die eigenen Standpunkte und Gefühle für die Mitarbeiter erkennbar machen, ihnen gegenüber stets verlässlich sein und auch bei Konflikten fair bleiben.

Regel 4:

Den Persönlichkeitswert eines jeden Mitarbeiters achten. Sich im Umgang mit seinen Mitarbeitern als menschlich gleichwertiger Partner empfinden, dem lediglich andersartige Aufgaben und Verantwortlichkeiten übertragen sind.

Regel 5:

Den Mitarbeitern anschauliche Zielbilder für ihre Aufgaben vermitteln. Die Arbeitsziele unmissverständlich formulieren, sie umfassend erläutern und von den Mitarbeitern geäußerte Fragen, Vorschläge oder Bedenken ernstnehmen.

Regel 6:

Für eine offene und konstruktive Kommunikationskultur sorgen. Möglichst oft Gespräche mit den Mitarbeitern führen, dabei offen und ehrlich sein, sowie die Kommunikation der Mitarbeiter untereinander fördern.

Regel 7:

Den Mitarbeitern vertrauen und ihnen Verantwortung übertragen. Sie im Rahmen der vertretbaren Risiken weitgehend selbstständig handeln lassen, sie nicht mehr als notwendig kontrollieren und ihnen eine angemessene Fehlertoleranz zubilligen.

Gegenseitiges Vertrauensverhältnis

Besonders hervorzuheben ist die letztgenannte Regel. Haben Sie erst einmal ein solides Vertrauensverhältnis zu Ihren Mitarbeitern aufgebaut, brauchen Sie sich nicht mehr um alles selbst zu kümmern. Sie können es dann riskieren, Ihre Mitarbeiter weitgehend selbstständig und eigenverantwortlich arbeiten zu lassen, ohne sie ständig zu kontrollieren, und können sich auf die übergeordneten Führungsaufgaben konzentrieren.

Dann werden die Mitarbeiter Sie auch in kritischen Situationen, wie terminliche Engpässe oder riskante Störfälle, nicht im Stich lassen. Gerade in solchen Situationen erweist es sich, inwieweit sich ein Vorgesetzter auf seine Mitarbeiter verlassen kann. Ob sie ihn im Regen stehen lassen oder sich in besonderem Maß einsetzen – schon um ihn nicht zu enttäuschen. Auch werden Sie mal eine Fehlentscheidung treffen können, ohne dass die Mitarbeiter die Dinge voller Schadenfreude einfach laufen lassen. Und werden sie Ihnen auch eine gelegentliche schlechte Laune verzeihen – schließlich werden auch Sie weder unfehlbar noch immer in bester Stimmung sein können!

Damit es aber zu einem tragfähigen Vertrauensverhältnis kommen kann, hat man als Führungskraft folgende Voraussetzungen zu schaffen:

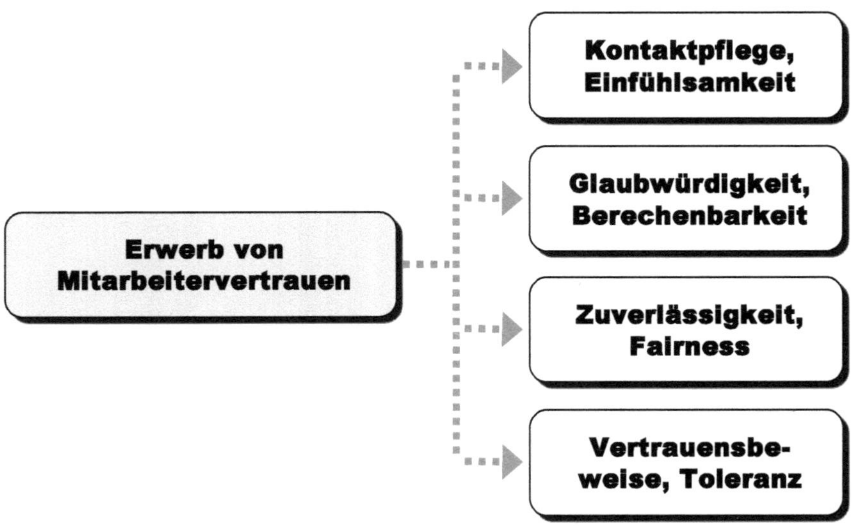

Man kann Mitarbeitervertrauen nicht anordnen, sondern muss es sich erwerben und muss es wachsen lassen!

Ein tragfähiges Vertrauensverhältnis ist letztlich der Schlüssel einer jeden langfristig erfolgreichen Mitarbeiterführung.

11. Angebote berufsorientierter Beratung

Staatliche und kommerzielle Berufsberatungen

Bundesagentur für Arbeit

An erster Stelle sind hier die Berufsinformationszentren (BiZ) der Bundesagentur für Arbeit zu nennen. Sie helfen bei der beruflichen Orientierung und Entscheidung. Gemeinsam mit den Ratsuchenden entwickeln sie berufliche Alternativen und unterstützen bei der Realisierung des Berufswunsches. Das Beratungsangebot richtet sich an Schülerinnen und Schüler aller Schularten, Auszubildende, Studierende, Hochschulabsolventen sowie alle Personen, die erstmals eine Berufsausbildung anstreben oder sich beruflich neu orientieren wollen.

Die Berufsberater helfen bei einer Vielzahl von Anliegen. Sie unterstützen beispielsweise dabei,

- einen passenden Beruf oder ein passendes Studium zu finden,
- Fragen zu Berufs- oder Studieninhalten zu klären,
- eine Ausbildungsstelle zu finden,
- eine Orientierung für den weiteren Lebensweg nach Schule oder Studium zu erhalten,
- Informationen zum Ausbildungs- oder Arbeitsmarkt zu bekommen,
- einen Berufswahltest zu machen,
- Fragen zur eigenen Bewerbung zu klären,
- den Wunschberuf zu finden und auch Alternativen dazu,
- schulische Schwierigkeiten zu überwinden,
- Alternativen bei gesundheitlichen Einschränkungen zu finden.

Um zu einem Beratungsgespräch zu gelangen, gibt es folgende Möglichkeiten:

- Sprechstunden der Berufsberatung an den Schulen
- Telefonische Vereinbarung eines persönlichen Termins (gebührenfrei) unter der Rufnummer 0800 4 55 55 00
- Terminvereinbarung über das Kontaktformular im Internet

Unter anderem führen die Berufsinformationszentren auch kostenlose Bewerbungstrainings durch. Ausführliche Informationen über das gesamte Beratungsangebot der Bundesagentur für Arbeit erhalten Sie auf folgender Website: *ww.arbeitsagentur.de/bildung/berufsberatung*.

Industrie- und Handelskammern, Handwerkskammern

Berufsberatungen führen auch die Industrie- und Handelskammern sowie Handwerkskammern durch. Ihre Beratungsangebote richten sich allerdings vor allem an Jugendliche und junge Erwachsene, die bereits in einem Ausbildungsverhältnis stehen und dazu Fragen haben.

Außerdem führen die Kammern gelegentlich sogenannte Ausbildungsmessen bzw. Lehrstellenbörsen durch. Sie sind für Lehrstellensuchende die besten und direktesten Gelegenheiten, um die verschiedenen Ausbildungsberufe und Ausbildungsbetriebe nahezu aller Branchen kennenzulernen. Darüber hinaus können Sie sich dort bei den Ausstellern persönlich vorstellen und bewerben. Termine für die Veranstaltungen finden Sie in den Internetportalen der Kammern (*www.ihk.de* bzw. *www.handwerkskammer.de*).

Kommerzielle Beratungen und Berater

Neben den staatlichen gibt es diverse private Anbieter für die persönliche Karriere- oder Lebensberatung, deren Leistungen aber natürlich nicht kostenlos sind. Jedoch wird man von ihnen mitunter individueller und umfangreicher beraten als bei der Agentur für Arbeit.

Doch ist hier Vorsicht geboten, denn nicht alle Berufsberater bzw. Coachs sind seriös. Eine Ausbildung zum Berufsberater gibt es nicht, viele haben aber einen pädagogischen Hintergrund oder ein Psychologiestudium absolviert. Wichtig ist, dass ein Berater hinreichende

Erfahrung besitzt, sowohl in der Beratung als auch durch eine eigene berufliche Tätigkeit – beispielsweise in der Personalabteilung eines Unternehmens.

Beratung durch Verwandte, Lehrer und Bekannte

Selbstverständlich kann es auch nützlich sein, den Rat erfahrener Privatpersonen einzuholen. Das können in erster Linie die Eltern oder sonstige Angehörige sein, aber auch die eigenen Lehrer, Freunde oder sachkundige Zufallsbekanntschaften.

Die Eltern sind naturgemäß meist am ehesten in der Lage, die grundlegenden Wesensmerkmale und Fähigkeiten ihrer Kinder zutreffend einzuschätzen, um ihnen sinnvolle Ratschläge geben zu können. Normalerweise ergeben sich im Elternhaus ohnehin häufige und ausführliche Diskussionen über berufliche Fragen.

Doch ist zu bedenken, dass Eltern insofern befangen sein können, als sie überzogene Wunschvorstellungen hinsichtlich der beruflichen Zukunft ihrer Kinder hegen. Sie überschätzen möglicherweise deren naturgegebene Anlagen und wecken in ihnen unrealistische Erwartungen. Auch kommt es vor, dass Eltern ihre eigenen – erfüllten oder auch unerfüllten – Berufsziele in die Zukunft ihrer Kinder projizieren und dabei deren eigentliche Bedürfnisse missachten.

Wie auch immer, sollten Sie sich bei allen Beratern kritisch fragen, inwiefern diese tatsächlich über ausreichende Berufserfahrungen oder zuverlässige Informationen verfügen, um Ihnen wirklich erfolgversprechende Ratschläge erteilen zu können.

Internet-Ratgeber zu den einzelnen Problemfeldern

Allgemeine Berufsberatung

www.arbeitsagentur.de/bildung/berufsberatung

www.kursnet-finden.arbeitsagentur.de/kurs/portal/bildungs-suchende.de

www.abi.de

www.berufskunde.de

Berufswahl

www.berufenet.arbeitsagentur.de/berufenet

www.arbeitsagentur.de/bildung/ausbildung/welche-berufe-passen

www.abi.de/orientieren/berufswahlfahrplan.htm?zg=schueler

www.vodafone-stiftung.de/uploads/tx_newsjson/VSD-ALLENSBACH-2014-WEB.pdf

www.karrierebibel.de

www.arbeitsagentur.de/beruf-wechseln/neues-berufsziel-finden

Ausbildungsberatung

www.arbeitsagentur.de/bildung/ausbildung/ausbildungswege-im-ueberblick

www.azubi.de/beruf/tipps/schulische-ausbildung

www.ausbildung.de

Zweiter Bildungsweg

www.arbeitsagentur.de/bildung/schule/zweiter-bildungsweg

Berufsfelder/Ausbildungsberufe

www.arbeitsagentur.de/bildung/ausbildung/erkunde-die-berufsfelder

www.arbeitsagentur.de/bildung/ausbildung/ueber-berufe-informieren

www.ausbildung.de/berufe/glossar

Hochschulstudium

www.studienwahl.de

www.hochschulkompass.de

www.studienwahl.de

www.hochschulstart.de

www.stipendienlotse.de

www.deutschlandstipendium.de

www.studium-ratgeber.de/studium/auslandsstudium

www.bafög.de

www.stipendienlotse.de

Fernstudium

www.fernstudi.net

www.studieren-berufsbegleitend.de

Freiwilligendienste/Praktika

www.bundes-freiwilligendienst.de

Bewertung von Arbeitgebern

www.access.de/karriereplanung/karriere-tipps/arbeitgeber-bewerbungsplattformen-4048

www.personalwirtschaft.de/recruiting/artikel/fast-jeder-zweite-wechselwillige-informiert-sich-auf-arbeitgeberbewertungsportalen.html

www.arbeitgeber-bewertung.net

www.wiwo.de/erfolg/beruf/arbeitgeber-bewertung-arbeiten-sie-hier-bloss-nicht/11395422.html

www.kununu.com

Stellensuche

www.jobboerse.arbeitsagentur.de

www.interamt.de/koop/app/stellensuche

www.stepstone.de

www.roberthalf.de/blog/die-besten-jobboersen-in-deutschland

www.bernd-slaghuis.de/karriere-blog/6-tipps-stellensuche/

Bewerbung/Vorstellung

www.bewerbung-tipps.com

www.berufsstrategie.de/bewerbung-karriere-soft-skills/anschreiben-bewerbung.php

www.karriereletter.de/selbstpraesentation-vorstellungsgespraech-ac

www.absolventa.de/karriereguide/vor-und-nachbereitung/vorstellungsgespraech-tipps

Weiterbildung

www.praktisch-unschlagbar.de/de/die-berufliche-weiterbildung-1731.html

www.arbeitsagentur.de/karriere-und-weiterbildung

https://kursnet-finden.arbeitsagentur.de/kurs/portal/bildungssuchende/beruflichWeiterbilden.do

www.karrierebibel.de/berufliche-weiterbildung/

www.weiterbildungsfinder.de/menschen-mit-behinderung

www.wdb-berlin.de/weiterbildungsuchende/foerderprogramme

www.behinderung.org/berufliche-weiterbildung.htm

12. Tendenzen des Arbeitsmarkts und der Berufsbildung

Allgemeine Entwicklungen

Gemäß der Arbeitsmarktprognose 2030 des Bundesministeriums für Arbeit und Soziales sind die nachstehenden Entwicklungen zu erwarten. Nachzulesen im Internet unter
www.bmas.de/DE/Presse/Meldungen/2016/arbeitsmarktprognose.html

Die Bevölkerung wird bis 2030 um 690 000 Personen steigen, während die Zahl der Erwerbspersonen um 720 000 sinkt. Dabei wird sich der Arbeitsmarkt strukturell stark wandeln: Es wird ein deutlicher Anstieg der hochqualifizierten Arbeitskräfte erwartet, ein starker Rückgang bei den gering qualifizierten und leichter Rückgang im mittleren Qualifikationsbereich.

Dieser Wandel verändert die Bedarfe an Qualifikationen und Kompetenzen. Die Digitalisierung und die Zuwanderung können den demografischen Wandel zwar abschwächen, aber langfristig nicht ausgleichen. Fachkräfteengpässe werden tendenziell durch beide Trends vergrößert, vor allem in den Gesundheitsberufen.

Ein Beschäftigungsrückgang ist insbesondere im Verarbeitenden Gewerbe, Handel und Verkehr sowie in der öffentlichen Verwaltung zu erwarten. Hingegen wird die Beschäftigung bei Unternehmensdienstleistungen, Finanzdiensten und im Gesundheits- sowie Sozialwesen zunehmen. Der Trend zu einer Dienstleistungsgesellschaft wird sich also fortsetzen.

Eine vergleichbare Entwicklung zeigt sich bei den Berufen: Während Gesundheitsberufe, Leitende Tätigkeiten, Wissenschaftler/innen und technische Berufe stärker nachgefragt werden, sinkt die Zahl der in Fertigungsberufen und Büroberufen tätigen Menschen aufgrund der Trends im Gefolge der Globalisierung und in der Arbeitsorganisation deutlich.

Die Erwerbsbeteiligung von Frauen wird unter den getroffenen Annahmen in allen Altersgruppen weiter steigen, in der Familienphase jedoch leicht sinken, während die Erwerbsbeteiligung von Männern nur im Alter ab 55 Jahren steigen wird,. Bei einer Verbesserung der Rahmenbedingungen zur Vereinbarkeit von Beruf und Familie sowie stärkeren Beteiligung der Männer im Haushalt würden die Erwerbsquoten der Frauen bis 2030 auf ein Niveau steigen, das heute einige skandinavische Länder erreichen.

Entwicklung der beruflichen Aus- und Weiterbildung

Seit den letzten Jahren haben sich die Chancen auf einen Ausbildungsplatz kontinuierlich verbessert, denn die Zahl der gemeldeten Ausbildungsstellen übersteigt zurzeit die Bewerberzahlen. Auch die Teilnahme von Arbeitnehmern an beruflichen Weiterbildungsmaßnahmen zeigt nach wie vor eine steigende Tendenz.

Ein allgemeinwirtschaftlicher Einbruch – wie beispielsweise die nachstehend erwähnte Corona-Krise – würde allerdings die Bereitstellung an betrieblichen Ausbildungsplätzen in der Regel verringern. Außerdem würden dann die studienberechtigten Jugendlichen vermehrt eine duale Ausbildung anstreben. Jugendliche mit Hauptschulabschluss würden insgesamt schlechtere Ausbildungschancen haben als Studienberechtigte.

> **Mit ziemlicher Sicherheit werden sich manche Berufsbilder nachhaltig ändern – andere Berufe vielleicht total entbehrlich werden und sich neue entwickeln.**

Unsicherheiten durch die Corona-Pandemie

Aufgrund der momentan herrschenden Corona-Pandemie sind Prognosen derzeit besonders schwierig. Zumal noch niemand weiß, wie lange die Auswirkungen der Pandemie anhalten werden und welche gesundheitlichen Auswirkungen noch zu erwarten sind. Doch sind sich die Experten darin einig, dass nach der Corona-Krise auch auf Dauer so manches nicht mehr so sein wird wie vorher.

Auswirkungen auf die Globalisierung

Vermutlich wird die Globalisierung nicht weiter ungebremst zunehmen, sondern wird man sich wieder mancher heimischen Produktionen besinnen, um krisensicherer zu werden. Die an sich effizienten Just-in-time"-Lieferketten zwischen Herstellern und Endverbrauchern müssen zumindest teilweise wieder entflochten werden. Die oftmals häufigen Zwischenstationen sind zu anfällig gegen vielerlei Störungen, sodass die Versorgung der Bevölkerung in Ausnahmesituationen nicht mehr sichergestellt werden kann.

Ob und wie diese Veränderungen auch den Arbeitsmarkt dauerhaft verändern werden und ob sie sich für die Arbeitnehmer eher positiv oder negativ auswirken, bleibt abzuwarten. Es könnte zum Beispiel zu einer internationalen Verlagerung von Arbeitsplätzen aus Billiglohnländern zurück in die Zielmärkte der westlichen Länder kommen.

Was den Ausbildungsmarkt anbelangt, so hat sich das betriebliche Angebot an Ausbildungsplätzen deutlich reduziert und wird auch unmittelbar nach der Corona-Krise nur zögerlich wieder zunehmen.

Änderungen in Produktion und Vertrieb

Aus der Not heraus haben viele Unternehmen ihre Produktions- und Vertriebssysteme zum Teil grundlegend geändert – in aller Eile wurden sogar neue Produkte und Dienstleistungen entwickelt. Insbesondere der verstärkte Einsatz von elektronischen Informationstechniken eröffnete neue Perspektiven. Beispielsweise konnten durch Homeoffice, Homeschooling, Onlinekonferenzen oder Onlineveranstaltungen so manche Dienstleistungs- und Bildungsangebote trotz der krisenbedingten Einschränkungen immerhin provisorisch aufrecht erhalten werden.

Weil dabei manche ungeahnten Möglichkeiten der Effizienzsteigerung offenbar wurden, wird man auch künftig auf einige der neuartigen Leistungsformen nicht verzichten wollen und wird die Digitalisierung verstärkt vorangetrieben werden. Eine der wahrscheinlich größten dauerhaften Auswirkungen aber werden die in der Pandemiezeit mit dem Homeoffice gewonnenen Erfahrungen haben.

Es hat sich gezeigt, dass die gleichzeitige Anwesenheit von Mitarbeitern in Büros deutlich weniger notwendig ist als bisher von vielen Unternehmen angenommen. Die in diesem Zusammenhang gemachten Erfahrungen deuten darauf hin, dass das Homeoffice sowohl positive als auch negative ökonomische und soziale Auswirkungen haben kann. Inwieweit die positiven oder negativen Effekte überwiegen, hängt im Einzelfall – wie bei allen Organisationsformen – maßgeblich davon ab, wie die beteiligten Menschen mit der Arbeitssituation umgehen.

Arbeiten im Homeoffice

Ökonomische Effekte

Haben Mitarbeiter günstige räumliche und technische häusliche Bedingungen für ihre Heimarbeiten, arbeiten sie in der Regel ungestörter und somit effizienter als im Büro. Zudem erhalten sie zusätzliche Freizeit und ersparen sich Stress, da die täglichen Fahrtwege zur Arbeitsstätte entfallen. So kann konzentrierter in den Arbeitstag gestartet werden. Sie erbringen im Allgemeinen keine geringeren, sondern eher höhere Arbeitsleistungen. Für sie selbst bietet das Homeoffice den Vorteil, ihre Arbeitszeiten flexibel gestalten und mit ihrem Privatleben gut vereinbaren zu können.

Allerdings ist nicht auszuschließen, dass es auch Mitarbeiter gibt, die wegen der geringeren Kontrollmöglichkeiten ihre arbeitszeitlichen Freiheiten missbrauchen. Das gilt vor allem für Arbeiten, bei denen das Leistungsvolumen nicht konkret messbar ist.

Durch Online-Gespräche und -besprechungen wird vergleichsweise weniger Zeit aufgewendet als für Präsenzgespräche. Auch lassen sich eilige Angelegenheiten kurzfristiger besprechen und erledigen. Durch Onlinekonferenzen lassen sich nicht nur die Reisekosten des Unternehmens erheblich reduzieren, sondern erübrigen sich auch die reisebedingten Abwesenheiten der Teilnehmer von ihrem Arbeitsplatz.

Ist das Homeoffice auf Dauer vorgesehen, kann das Unternehmen entsprechende Raumkosten für betriebliche Arbeitsräume einsparen.

Auch Nebenräume wie Besprechungsräume, Toiletten, Wasch- und Garderobenräume, Kantine usw. entfallen.

Auswirkungen auf das Zusammenarbeitsklima

Bei guter Arbeitsorganisation kommunizieren die Mitarbeiter mancherorts miteinander häufiger als außerhalb von Krisenzeiten. Beispielsweise indem regelmäßige kurze virtuelle Meetings abgehalten werden. Manche Fragen oder Unstimmigkeiten können kurzfristiger geklärt und dadurch eventuelle Konflikte vermieden werden.

Damit sich die Mitarbeiter zu Hause nicht zu sehr alleingelassen fühlen, setzt das Homeoffice allerdings voraus, dass sich die Führungskräfte mit ihnen häufiger als sonst austauschen. Zum einen, damit die Mitarbeiter trotz körperlicher Abwesenheit ausreichend informiert sind und ihre Meinungen einbringen, zum anderen, um rechtzeitig auf eventuelle Probleme mit den Homeoffice-Anforderungen hinweisen zu können, damit diese behoben werden. Das führt naturgemäß für die Führungskräfte zu höheren Anforderungen und mehr Stress. Unterschiedliche Standpunkte einzelner Führungskräfte und Mitarbeiter zur virtuellen Kommunikation als solches, führen mitunter zu Reibereien und belasten das Arbeitsklima.

Negative Folgen für den zwischenmenschlichen Umgang können sich auch ergeben, weil Mitarbeiter ihre E-Mails extrem kurz und sachlich verfassen. Da hierbei die emotionalen Begleitbotschaften durch Stimme und Mimik fehlen, werden derartige Schreiben mitunter als aggressiv empfunden und irritieren die Empfänger oder lösen sogar Konflikte aus. Ist die Zusammenarbeit zwischen einzelnen Kollegen ohnehin angespannt, verführt die schriftliche Kommunikation außerdem eher zu konfliktverschärfenden Formulierungen als in direkten Gesprächen.

Neue Kollegen, die erst kürzlich zu einer Gruppe hinzugestoßen sind, haben es schwerer sich in das soziale Gefüge einzuordnen. Sie sind aufgrund ihres anfänglich stärkeren Informationsbedarfs besonders auf eine intensive und persönliche Kommunikation angewiesen.

13. Schlussbetrachtung

Persönliche Lebensqualität als Kompass

Voraussetzungen für Glück und Zufriedenheit

So unterschiedlich die Menschen sind, so unterschiedlich sind auch die Faktoren, die sie glücklich machen. Die einen finden ihr Glück vor allem in ihrem Familienleben, andere hauptsächlich darin, in entfernte Länder zu reisen, sich vermeintlich optimal zu ernähren oder ein schickes Auto zu fahren. Manche wiederum sind glücklich, wenn sie anderen Menschen helfen können oder sich für den Umweltschutz engagieren.

Der amerikanische Psychologe Abraham Maslow hatte die nahezu unendliche Vielfalt der menschlichen Bedürfnisse zunächst einmal geordnet und in 5 Kategorien eingeteilt. Im Weiteren hatte er durch empirische Untersuchungen die Möglichkeiten der Bedürfnisbefriedigung erforscht und dabei erkannt, dass die verschiedenen Bedürfnisarten in einer hierarchischen Beziehung zueinander stehen. Wenn nämlich der Mensch seine momentanen Bedürfnisse befriedigt hat, er dann nicht für immer wunschlos glücklich und zufrieden ist, sondern Bedürfnisse der nächsthöheren Rangstufe entwickelt und bestrebt ist, vorrangig diese neuen Bedürfnisse zu befriedigen.

Haben demzufolge Menschen ein Einkommen erreicht, das ihre materiellen Grundbedürfnisse abdeckt (Nahrung, Kleidung, Wohnung), werden sie sich schon bald bemühen, diese Lebensverhältnisse auch abzusichern. Fühlen sie sich dann irgendwann hinreichend materiell abgesichert, entwickeln sie zunehmend neue, vorrangig emotionale Bedürfnisse: Sie wollen sich in eine Gemeinschaft einbringen, wollen von den anderen anerkannt werden und deren Wertschätzung erlangen sowie sich schließlich auch selbstverwirklichen können. Die nachstehende Abbildung zeigt diese hierarchischen Beziehungen der Bedürfniskategorien.

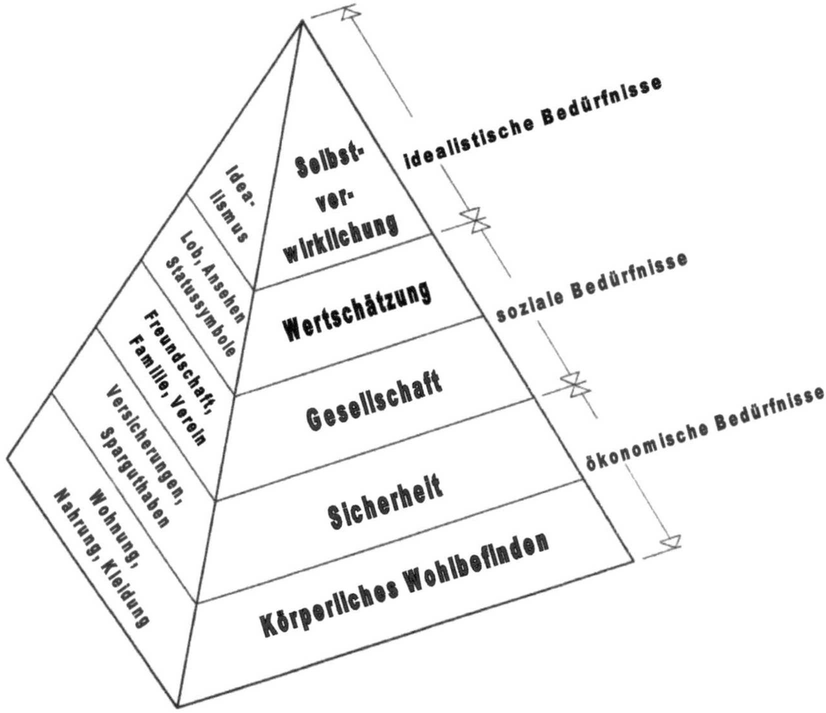

Die Hierarchie ist allerdings nur als Langzeitmodell zu verstehen: Jemand der aufgrund seiner gesamten Lebenssituation dem Bereich der sozialen Bedürfnisse zuzuordnen ist, wird wenn er mal sehr hungrig ist, auf die Ebene der körperlichen Bedürfnisse (auch die „existenziellen“ genannt) zurückfallen – wird sein Hunger solange er ihn nicht gestillt hat übermächtig sein.

Bedürfnisbefriedigung im Beruf

Übertragen auf die Arbeitsmotivation und Zufriedenheit im Beruf ist daher das Einkommen langzeitlich betrachtet nicht der allein wichtige Faktor. Wenn Sie beispielsweise einige Zeit in einer halbwegs krisensicheren Firma beschäftigt sind und nach den hierzulande geltenden tariflichen Bestimmungen bezahlt werden, dürften Sie sich Ihre existenziellen Bedürfnisse weitestgehend befriedigen können und werden Sie ihr Gehalt bald als Normalität empfinden. Es wird Sie nicht täglich zu gesteigertem Engagement motivieren, sondern müssen hierfür weitere Anreize der höheren Bedürfniskategorien hinzukommen. Indem Sie zum Beispiel

- anspruchsvolle Arbeitsaufgaben übertragen bekommen,
- dadurch stolz machende Arbeitserfolge erleben können,
- sich durch Ihr Engagement profilieren können und Wertschätzung erfahren,
- positive, anregende Sozialkontakte aufbauen können,
- optimale Arbeitsbedingungen haben,
- nicht krankmachend überlastet werden und
- sich genügend Freiräume für Ihr Privatleben bewahren können.

> **Geld und materielle Güter machen alleine nicht dauerhaft glücklich – mangelt es aber daran, macht das unzufrieden.**

Gesellschaftlicher Stellenwert des Berufs

Fraglos hat der Beruf in der Gesellschaft einen hohen Stellenwert. Er ist nun mal für die meisten Menschen die Voraussetzung dafür, sich durch Gelderwerb die existenziellen Grundbedürfnisse befriedigen zu können. Darüber hinaus aber kann ein entsprechendes Arbeitseinkommen dazu verhelfen, sich weitere sowohl materielle als auch immaterielle Wünsche zu erfüllen, die mitunter auch nur reine Statussymbole sind. Außerdem wird ein überdurchschnittliches Einkommen vielfach als Ausdruck des beruflichen Erfolgs betrachtet und löst besondere Anerkennung aus. Gerade in unserer heutigen Leistungsgesellschaft spielt es für den gesellschaftlichen Status eine immer größere Rolle.

Die erste Berufswahl

Demzufolge ist es völlig legitim, wenn Sie als junger Berufseinsteiger einen Beruf mit möglichst hohen Verdienstmöglichkeiten anstreben und Sie während Ihrer Berufslaufbahn in der Einkommensskala möglichst schnell und weit aufsteigen wollen. Doch denken Sie stets daran, dass die materielle Bedürfnisbefriedigung nur einer von vielen Bausteinen ist. Nicht weniger wichtig sind vor allem interessante Arbeitsinhalte, die Ihnen beglückende Erfolgserlebnisse und Anerkennung verschaffen sowie wertvolle Sozialkontakte, durch die Sie im Erfolgsfall Wertschätzung, bei Problemen aber auch Mitgefühl und Unterstützung erfahren.

Bei allem Streben nach einem hohen Einkommen und beruflichem Status sollten Sie nicht Ihr Lebensglück und Ihre langfristige Lebensqualität aus den Augen verlieren.

Eigenverantwortung und Hilfen bei der Berufswahl

Bei der Vielfalt der individuellen menschlichen Bedürfnisse und der ökonomisch und technisch bedingten Arbeitsanforderungen kann es logischerweise auch keinen einzig richtigen Beruf geben und keinen allgemeingültigen Weg ins Berufsleben. Letztlich kann nur jeder für sich selbst entscheiden, was er im Leben erreichen will und ihn glücklich machen kann – welchen Lebens- und somit auch Berufsweg er demzufolge einschlagen sollte.

Wägen Sie es daher ganz egoistisch denkend ab, was Ihre vorrangigen individuellen Lebensziele sind, welcher Beruf dazu am ehesten geeignet wäre und welcher schulische sowie berufliche Bildungsweg dorthin Ihnen am besten liegen würde. Lassen Sie sich dabei nicht von irgendwelchen modischen Trends oder fragwürdigen Beratern leiten. Folgen Sie nicht unkritisch irgendwelchen noch so verlockend klingenden Ratschlägen, sondern hinterfragen Sie diese. Fragen Sie sich, ob der Ratgeber wohl fachlich kompetent genug und hinreichend vorurteilsfrei ist.

Ratschläge anderer, ob von Personen, Institutionen oder Schriftmaterialien, sollten Sie dennoch nicht ignorieren. Sie sollten diese aber nur als hilfreiche Anregungen werten, die Ihnen vielleicht die gegebenen Möglichkeiten aufzeigen sowie deren Vor- und Nachteile erkennbar machen können. Mehr kann und will auch dieses Buch nicht leisten. Welche der Ratschläge für Sie die zweckdienlichsten sind und welche sie letztlich realisieren sollten, können nur Sie alleine zutreffend entscheiden.

Sollte sich das Angebot an Ausbildungs- und Arbeitsplätzen wegen der allgemeinen wirtschaftlichen Entwicklung einmal verschlechtern (oder aufgrund einer besonderen Krise, wie zum Beispiel die zuvor erwähnte Corona-Pandemie), sollten Sie sich gerade dann ernsthaft Gedanken über Ihre berufliche Zukunft machen und sich intensiv dafür einsetzen.

> **Wie auch immer, wünschen wir Autoren Ihnen, dass Sie bei der Planung Ihres Bildungs- und Berufswegs die für Sie persönlich richtigen Entscheidungen treffen und bei der Realisierung Ihrer beruflichen Ziele erfolgreich sind.**

Literaturhinweise

Bohinc, Tomas: *Der erfolgreiche Karrierestart* – Praxistipps für Berufseinsteiger, Offenbach: GABAL Verlag, 2014

Coelius, Claus: *Ausbildungsplatz O.K.!* – Bewerbung - Vorstellung - Tests, Reinbek: CC-Verlag, 2005

Covey, Sean: *Die 6 wichtigsten Entscheidungen für Jugendliche:* Wie du die Weichen für dein Leben richtig stellst, Offenbach: GABAL Verlag, 2020

Dassler, Stefan: *Berufswahl und Bewerbungstraining* – 15-Minuten-Einheiten für zwischendurch, Mühlheim: Verlag an der Ruhr, 2016

Draksal, Michael: *100 Verdammt gute Fragen* – Berufswahl. Erkenne deine Stärken mit Hilfe von Fragen, Leipzig: Draksal Fachverlag, 2019

Ebner, Peter H. & Fritz, Sabine: *Berufswahl* – Das will ich - das kann ich - das mach ich, Lebensplanung spielerisch ausprobieren, Mühlheim: Verlag an der Ruhr, 2005

Eggert, Jens: *Betriebspraktikum, Berufswahl, Bewerbung* – Umfassendes Praxismaterial zur Berufsvorbereitung, Hamburg: AAP Lehrerfachverlage, 2017

Engelman, Matthias: *Berufswahl!* – So meisterst Du Deine Berufswahl, Ausbildungswahl und Studienwahl, Berlin: Neopubli, 2017

Engst, Judith: *Duden Ratgeber - Professionelles Bewerben* – Von der Stellensuche bis zum erfolgreichen Vorstellungsgespräch, Berlin: Bibliographisches Institut, 2015

Eßmann, Elke: *111 Arbeitgeberfragen im Vorstellungsgespräch* – Absichten erkennen, Pluspunkte sammeln, Stolpersteine vermeiden, München: Goldmann Verlag, 2015

Faber, Manfred & Siems, Silke: *Berufseinstieg und Probezeit aktiv gestalten* – Wie Sie nach dem Studium die Grundsteine für Ihre Karriere legen, Wiesbaden: Springer Gabler, 2014

Feichtner, Walter & Dietzel, Heike *Erfolg im neuen Job* – Strategien für die ersten 100 Tage, Freiburg: Haufe Lexware, 2016

Glas, Claudia & Geißler, Susanne: *Portfolio zur Berufs- und Lebensorientierung* – Materialien zu Berufswahl, Bewerbung und den ersten bürokratischen Hürden, Hamburg: AAP Lehrerfachverlage, 2012

Glaubitz, Uta: *Der Job, der zu mir passt* – Das eigene Berufsziel entdecken und erreichen, Frankfurt am Main: Campus Verlag, 2014

Gulder, Angelika: *Finde den Job, der dich glücklich macht* – Von der Berufung zum Beruf, Frankfurt am Main: Campus Verlag, 2013

Guth, Kurt: *Testtrainer für alle Arten von Einstellungstests, Eignungstests und Berufeignungstests* – Für Ausbildung, Beruf und Studium, Offenbach: Ausbildungspark Verlag, 2018

Guth, Kurt & Mery, Marcus: *Das Vorstellungsgespräch zur Ausbildung* – Die häufigsten Fragen, die besten Antworten - sicher zum Ausbildungsplatz, Offenbach: Ausbildungspark Verlag, 2018

Hell, Silke: *Das Vorstellungsgespräch* – Die besten Strategien, die schlagkräftigsten Argumente: So überzeugen Sie Ihren neuen Arbeitgeber, München: dtv Verlag, 2010

Hesse, Jürgen & Schrader, Hans-Christian: *Bewerbungsunterlagen erstellen* – Hallbergmoos: Stark Verlag, 2017

Hofert, Svenja: *Stellensuche und Bewerbung im Internet* – Die perfekte E-Mail-Bewerbung. Bewerbung über Online-Formulare. Wichtige Stellenmärkte und Karriereportale, Hannover: humboldt Verlag, 2010

Hofert, Svenja: *Die 100%-Bewerbung* – Offenbach: GABAL Verlag, 2011

Hofert, Svenja: *Was sind meine Stärken?* – Entdecke, was in dir steckt (Dein Erfolg), Offenbach: GABAL Verlag, 2016

Hofert, Svenja: *30 Minuten Bewerbungsanschreiben* – Offenbach: GABAL Verlag, 2012

Jepp, Janka: Employer Branding: Identifikation von Entscheidungskriterien zur Arbeitgeberwahl – Hamburg: Igel Verlag, 2014

Köck, Michael: *Basisqualifikationen Berufsorientierung und -beratung* – Ein Lehr- und Übungsbuch für Akteure am Übergang Schule – Beruf, Bad Heilbrunn: Verlag Julius Klinkhardt, 2018

Könke, Ilse: *Wie finde ich den richtigen Beruf?* – Berufsorientierung, Praktikum, Bewerbungstraining (7. bis 10. Klasse), Hamburg: AAP Lehrerfachverlage, 2018

Kühnhanss, Christoph: *BeWerben ist Werben* – Die ultimativen Tipps & Tricks zu Bewerbung und Stellensuche, Berlin: Econ Verlag, 2013

Laufer, Hartmut: *Entscheidungsfindung* – Sicher entscheiden, erfolgreich handeln, Berlin: Cornelsen Verlag, 2008

Laufer, Hartmut: Grundlagen erfolgreicher Mitarbeiterführung – Führungspersönlichkeit, Führungsmethoden, Führungsinstrumente, Offenbach: GABAL Verlag, 2020

Laufer, Hartmut: *Kreativ Probleme lösen - effizient entscheiden* – Ideen entwickeln, sicher entscheiden, erfolgreich handeln, Offenbach: GABAL Verlag, 2018

Linzbach, Annette: *Berufswahl - Was kommt nach der Schule?* – Ein Elternratgeber (HELP - Hilfe für Eltern, Lehrer, Pädagogen), Paderborn: Verlag Ferdinand Schöningh, 2014

Rachner, Sven: *AbisZubi 2019/2020* – Deutschlands großes Ausbildungsverzeichnis, Vaihingen: Buchverlag & Medienservice, 2019

Scheller, Anne & Muth, Clemens: *Finde raus, was DU drauf hast!* – Der persönliche Berufs-Check-Up für Jugendliche, Karlsruhe: Schulwerkstat Verlag, 2011

Schröder, Martin: *Wann sind wir wirklich zufrieden?* – München: C. Bertelsmann, 2020

Sprick, Alexander: *Richtig online bewerben 2018* – Mit Know-how und kostenlosen Tools zur überzeugenden Online-Bewerbung, Rinteln: Anaximander Verlag, 2018

Stärk, Johannes: *Assessment-Center erfolgreich bestehen* – Das Standardwerk für anspruchsvolle Führungs- und Fach-Assessments, Offenbach: GABAL Verlag, 2018

Stärk, Johannes: *Erfolgreich im Vorstellungsgespräch und Jobinterview* – Das Standardwerk für Führungs- und Nachwuchskräfte, Offenbach: GABAL Verlag, 2018

Vogel, Michael: *Bewerbungsratgeber* – Mit der richtigen Bewerbung zum Vorstellungsgespräch! Tipps rund um das Bewerbungsschreiben, das Vorstellungsgespräch und die richtige Körpersprache. Wir führen Sie zum Erfolg! Düsseldorf: Verlag Independently Published, 2018

Wagner, Ursula M.: *Das Kairos-Prinzip* – So finden Sie den richtigen Zeitpunkt für den beruflichen Wechsel, Frankfurt am Main, Campus Verlag, 2013

Willmann, Hans-Georg: *Duden Ratgeber - Professionelles Bewer ben* – Von der Stellensuche bis zum Vorstellungsgespräch, Mannheim: Dudenverlag, 2012

Wurster, Michael T.: *30 Minuten Bewerben mit Profil* – Offenbach: GABAL Verlag, 2015

Stichwörter

A
Abendgymnasium, 32
Abendunterricht, 28
Abitur, 25, 31-32, 57, 68, 115
Abschlussprüfung, 33, 35, 68
Abschlusszeugnis, 30, 65
Altenbetreuung, 23
Altersversorgung, 22
Anerkennung, 16, 18-19, 72, 84, 108, 114, 137
Anordnen, 119, 123
Anpassung, 104
Ansehen, 19, 23, 58, 71-72, 83-84
Anstellung, 101
Anstellungsprüfung, 33
Anzeigeninhalt, 87
Arbeitgebervertreter, 97
Arbeitgeberwechsel, 110-111, 114
Arbeitnehmerrecht, 83
Arbeitsalltag, 22, 44, 79-80
Arbeitsanforderung, 44, 138
Arbeitsatmosphäre, 81
Arbeitsaufgabe, 19, 85, 106, 109, 113, 119-120, 137
Arbeitsbedingung, 21, 24, 40, 112, 137
Arbeitsfreude, 117
Arbeitsklima, 22, 24, 83, 134
Arbeitslosenunterstützung, 23
Arbeitslosigkeit, 35-37
Arbeitsmarkt, 56, 113, 124, 130, 132
Arbeitsmotivation, 136
Arbeitsorganisation, 130, 134
Arbeitsplatz, 18-19, 41, 44-45, 49, 52, 81, 95, 98-99, 103, 106, 110, 112, 116, 133
Arbeitsplatzsicherheit, 22, 112
Arbeitsplatzwahl, 81
Arbeitsrecht, 97, 105
Arbeitsstelle, 21, 85, 91, 95, 107
Arbeitsuche, 81
Arbeitsverhältnis, 63, 68, 84, 105, 106
Arbeitszeugnis, 91, 106
Arbeitszufriedenheit, 21
Aufstiegsmöglichkeit, 21, 56, 85, 109
Ausbildungsberatung, 127
Ausbildungsberuf, 33, 46-47, 49, 51, 65, 67-68, 125, 127
Ausbildungsbetrieb, 91, 125
Ausbildungsdauer, 51, 68
Ausbildungseinrichtung, 64
Ausbildungsform, 58, 60
Ausbildungsjahr, 27, 62, 93
Ausbildungsmesse, 125
Ausbildungsordnung, 62, 68
Ausbildungsort, 71
Ausbildungsplatz, 27-28, 35, 41, 56, 131, 141
Ausbildungsstätte, 66
Ausbildungsverhältnis, 60, 63, 67, 125
Auslandsaufenthalt, 72, 74, 94
Auslandspraktikum, 72
Auslandsstudium, 71-72, 128
Auszubildende(r), 62-63, 67, 69, 124

B
BAföG-Rechner, 76
Beamtenanwärter, 69
Beamtenausbildung, 68
Beamtenlaufbahn, 68-69
Bedürfnisbefriedigung, 135-137
Begabtenförderungswerk, 75
Behinderung, 35, 43-44, 91, 129
Belastungsfähigkeit, 19
Beratung, 43, 56, 124-127, 142
Beratungsangebot, 124-125
Beratungsgespräch, 125
Berufesuche, 51
Berufsabschluss, 64-66
Berufsalltag, 7, 103
Berufsanfänger, 106-107
Berufsausbildung, 8, 26,32-33, 35-37, 57, 59-60, 62-65, 68-69, 77, 79, 90-91, 106, 124
Berufsausbildungsverhältnis, 60
Berufsausbildungsvertrag, 62
Berufsausübung, 104
Berufsberater, 124-125
Berufsberatung, 56, 124-125, 127
Berufsbildungsgesetz, 65, 67-68
Berufsbildungsreife, 26, 31
Berufsbildungszentren, 116
Berufseinsteiger, 82, 137, 140
Berufseinstieg, 40, 46, 141
Berufserfahrung, 20, 22, 38, 62-63, 126
Berufsfachschulberuf, 68
Berufsfachschule, 26, 65
Berufsfeld, 27, 33, 60, 67, 127
Berufsgrundbildungsjahr, 25-26
Berufskarriere, 46
Berufskolleg, 25, 30, 65-66
Berufslaufbahn, 137
Berufsleben, 16-18, 20, 35-36, 45, 98, 103, 111, 138
Berufsoberschule, 25, 30, 33
Berufspraktika, 41
Berufspraxis, 79, 103, 106
Berufsreife, 26
Berufsschulabschluss, 28
Berufsschule, 28, 62-63
Berufsschulpflicht, 65
Berufsschulunterricht, 63
Berufstätige, 32, 82, 115
Berufstätigkeit, 18, 21, 23, 28, 37, 42-43, 45-46, 49, 56, 58, 103, 109, 111, 113, 115
Berufsvorbereitung, 27, 33, 140
Berufswahl, 20, 27, 34, 42, 46, 50, 52, 56-57, 80, 86, 113, 124, 127, 137-38, 140-142
Berufsweg, 14, 22, 38, 40, 46, 104, 138-139
Berufswelt, 110, 113
Berufswunsch, 43, 124
Berufsziel, 12-13, 109, 113, 126-127, 141
Beschäftigungsverhältnis, 44, 45
Bewerber, 36, 69, 73-74, 77-78, 80, 87, 91-92, 94, 96-97, 100-101, 110, 131
Bewerberfoto, 92
Bewerbung, 41, 73, 78, 87-89, 90-91, 94-96, 124, 128, 140-143

Bewerbungsanschreiben, 88-89, 142
Bewerbungsart, 87
Bewerbungsbeurteilung, 91
Bewerbungsgespräch, 75, 97, 101-102
Bewerbungsmappe, 88, 92
Bewerbungsschreiben, 89, 91, 99, 143
Bewerbungstraining, 125, 140, 142
Bewerbungsunterlage, 88-89, 91-92, 95, 141
Bildungsabschluss, 28
Bildungsangebot, 114-115, 132
Bildungseinrichtung, 32, 64, 116
Bildungssystem, 29, 31, 33, 36
Bildungsweg, 25-26, 31-32, 35, 37-38, 41, 127, 138
Bildungszertifikat, 64, 90
Blended-Learning, 115
Blindbewerbung, 87-88, 92
Blockunterricht, 63
Bundesagentur für Arbeit, 57, 64, 71, 113, 124-125

D
Dienstleistung, 24, 98, 130, 132
Duale Berufsbildung, 25-26, 62, 65

E
Ehrlichkeit, 42, 100, 106
Eigenverantwortlichkeit, 71
Eignung, 27, 35, 40, 42-45, 52, 64, 97, 103, 141
Eignungstest, 64, 141
Einfacher Dienst, 69
Einkommen, 19, 21-22, 37, 50, 56, 58, 60-61, 85, 103, 112, 135-138
Einschränkung (geistige oder körperliche), 32, 44, 124, 144
Einstellungsgespräch, 96
E-Learning, 115
Eltern, 12, 37, 38-39, 41, 60-61, 74, 76, 83, 126, 142
Entscheidung, 7, 12, 20, 35, 40-42, 47-48, 57, 60, 79, 85-86, 121-122, 124, 138
Entscheidungsprozess, 47-48, 52, 56-57, 60
Entscheidungstechnik, 40-41, 48, 53-54, 57, 82, 86
Ergänzungsschule, 66,-67
Ersatzschule, 66
Erwachsenenbildung, 28, 65
Erwerbstätigkeit, 24, 37, 62
Externenprüfung, 28

F
Fachabitur, 32-33, 69
Fachhochschule, 25, 65, 69
Fachhochschulreife, 32-33, 64-66
Fachoberschule, 29-30
Fachschule, 26, 116
Familienbetrieb, 82-83
Familienverhältnisse, 38
Fernlehrgang, 115
Fernschule, 27-28
Fernstudium, 115, 128
Fernunterricht, 115
Firma, 82-83, 99, 108, 114, 136
Förderschule, 32

Fortbildung, 114
Freiwilligendienst, 79-80, 128
Fremdsprache, 28, 30, 33, 65
Führungstätigkeit, 20, 59, 118-124, 135-136, 143-144

G
Gehaltsvorstellung, 99
Gehobener Dienst, 70
Gemeinschaftsschule, 32
Gesamtschule, 30, 32
Gesellenprüfung, 63, 92
Gesprächsverhalten, 76, 81, 94, 96-103, 136, 141-142, 144-145
Gesundheit, 7, 12, 18, 19-20, 25, 43, 104, 125, 132
Gesundheitsberuf, 19, 24, 34, 66-69, 80, 131
Glaubwürdigkeit, 97, 124
Gleichbehandlungsgesetz, 45, 92
Globalisierung, 38, 46, 73, 131, 133
Grundbedürfnisse, 137-138
Grundbildung, 26-27, 30, 66, 68
Grundschule, 27, 30, 32
Gymnasium, 26, 30-33

H
Handwerksberuf, 47, 59, 64, 69, 116
Handwerksordnung, 66
Hauptschulabschluss, 27-29, 32, 65, 70, 132
Hauptschule, 27, 29-30
Hauptschulzweig, 27
Hochschule, 26, 31, 48, 61, 72-74, 76, 78-79, 117
Hochschuleinrichtung, 72
Hochschulreife, 31, 33-34, 64, 65-67
Hochschulstudium, 61, 71, 72, 129
Höhere Berufsfachschule, 66
Höherer Dienst, 70
Homeoffice, 133-135
Homeschooling, 133

I
IHK-Abschluss, 116
Imagepflege, 20, 111
Initiativbewerbung, 88-89, 95
Interessengebiet, 17, 21, 43, 47, 80, 99
Internet-Ratgeber, 128
Interview, 98, 101, 144

J
Jobbörse, 86
Jobcenter, 58
Jobsicherheit, 82, 86
Jugendarbeitslosigkeit, 37
Jugendfreiwilligendienst, 80

K
Karriere, 58, 63, 75, 82, 117, 141
Klassische Bewerbung, 87
Kleidung, 99
Kollegenteam, 107
Kommunikationsfähigkeiten, 42
Kommunikationskultur, 121
Kommunikationstechnik, 18, 120
Konflikt, 118, 121, 134
Konfliktfähigkeit, 117
Kontaktaufnahme, 85, 94

Kontaktpflege, 108, 122
Kontrollieren, 119
Körperhaltung, 100
Kreativität, 20, 42, 109
Kritik, 14, 108, 119
Kündigung, 96-97, 105-106
Kündigungsschutz, 105
Kursangebot, 73
Kurzbewerbung, 87-88

L
Laufbahn, 33, 69-71, 137
Laufbahnberechtigung, 63
Lebensbedingungen, 15, 37
Lebensberatung, 125
Lebensführung, 10, 12, 60, 104
Lebensglück, 10, 12, 20, 138
Lebenskonzept, 10, 11, 17
Lebenslauf, 41, 74-75, 88, 91-93, 96
Lebensphilosophie, 10
Lebensqualität, 11, 17, 20, 22, 43, 46, 103, 135
Lebensstandard, 21
Lebensunterhalt, 21, 24, 60
Lebensweg, 10, 12, 16, 20, 47, 51, 59, 124
Lebensziel, 12, 23, 51, 138
Lehre, 106
Lehrling, 67, 115
Lehrlingsvergütung, 60
Lehrstellenbörse, 125
Lehrstellensuche, 126
Leistungsanforderung, 18, 24, 38, 60, 112
Leistungsbereitschaft, 19, 83, 93
Leistungsgesellschaft, 18, 135
Lernmaterial, 60, 115

M
Macht, 19
Massenbewerbung, 87
Meister, 115
Misserfolg, 13, 103
Mitarbeiterführung, 117, 119-123, 142
Mitarbeitervertrauen, 122-123
Mittlerer Bildungsabschluss, 29-30
Mittlerer Dienst, 69
Mittlere Reife, 29, 32, 69

N
Nebenjob, 73, 75-76
Neuling, 95, 106-108
Numerus Clausus, 76
Nutzwertanalyse, 48, 54-55

O
Oberstufe, 30-31
Oberstufenzentrum, 33
Öffentlicher Dienst, 68-69
Öffentliche Verwaltung, 33, 69
Onlinebewerbung, 87-89, 143
Onlinekonferenz, 132-133

P
Personal Branding, 110
Personalabbau, 45, 83
Personalentwicklung, 114
Persönlichkeitsberatung, 43
Persönlichkeitseigenschaft, 15, 42, 111, 117
Persönlichkeitsentwicklung, 16
Persönlichkeitstest, 43
Position, 22, 110, 113, 118-120
Praktikum, 42, 73, 80-82, 141, 143

Praktikumszeugnis, 92
Praxiserfahrung, 108, 118
Primarbereich, 26
Privatleben, 17, 19, 103, 109, 133, 137
Privatschule, 66
Probezeit, 70, 80, 105-106, 141
Prüfung, 59, 62, 64, 68-69, 71, 115

Q
Qualifikation, 32, 43, 44, 60, 63, 65-66, 70, 72, 73, 91, 95, 114, 130
Qualifikationsprofil, 52

R
Rangreihenbildung, 48-50, 53-54
Ratgeber, 127, 138
Ratschläge, 15, 82, 113, 126, 138
Realschulabschluss, 29, 31, 64, 65
Realschule, 25, 29, 30
Ruhestand, 20, 45

S
Schulabgänger, 26, 35, 36, 46
Schulabschluss, 29, 32, 34-35, 37, 57, 59, 64, 66, 67
Schulart, 31, 66, 124
Schülerpraktikum, 41
Schulform, 25, 26, 28, 30-31, 33, 67
Schuljahr, 27, 29-30
Schulpflicht, 26, 66-67
Schulzeit, 26, 31, 41, 57
Schulzeugnis, 91
Sekundarabschluss, 30
Sekundarbereich, 26
Sekundarschule, 29, 31
Sekundarstufe, 25-26, 29, 30, 66
Selbstbewusstsein, 19, 23, 100
Selbstbild, 15, 17
Selbstdarstellung, 85, 89
Selbstfindung, 14-15, 51, 93
Selbstständigkeit, 109
Selbststudium, 60
Selbstverantwortung, 12
Selbstverwirklichung, 10
Semesterbeitrag, 60, 73
Seminar, 74, 114, 117
Sozialkontakt, 17-18, 112, 137-138
Stadtteilschule, 29
Status, 58, 58, 85, 111, 118, 137-138
Stellenbewerbung, 87, 106
Stipendium, 74, 76, 77
Stress, 133-134
Studienfinanzierung, 73
Studienförderung, 74
Studium, 47, 57-61, 69, 71-77, 124, 127, 141

T
Tageshauptschule, 28
Tätigkeitsbescheinigung, 91
Teilzeitunterricht, 66
Trägerunternehmen, 79-80
Traumberuf, 43

U
Überforderung, 18-19, 59, 103
Überlastung, 19
Umschulung, 68, 112
Unentschlossenheit, 40, 100

Universität, 25, 30, 65, 71, 78
Unternehmen, 21, 24, 36, 44-45, 58, 75, 79-85, 88-89, 91-94, 98-99, 101, 104-105, 109-110, 113-114, 119, 121, 126, 130, 132-133
Unternehmensentwicklung, 84
Unternehmenskultur, 82-83, 85
Unzufriedenheit, 12, 18, 111, 113

V

Verantwortung, 39, 117, 121
Verantwortungsbewusstsein, 79, 84
Verdienstmöglichkeit, 21-22, 109, 137
Vertrauen, 106-107
Volkshochschule, 28, 116
Vorgesetztenrolle, 118
Vorstellungsgespräch, 80, 93, 96, 98, 99-100, 140-141, 143

W

Wartesemester, 77
Weiterbildung, 34, 43, 63, 112-113, 115, 129, 131
Werkstudent, 73-75
Wertvorstellung, 16, 24, 82
Wirtschaftsschule, 65, 67
Work-Life-Balance, 17, 81, 85

Z

Zielvorstellung, 12, 56, 98, 104
Zufriedenheit, 10-11, 17-18, 21, 23, 84-85, 116, 135-136
Zukunftschance, 25, 47, 84
Zukunftsgestaltung, 10
Zusatzqualifikation, 63, 114